MW01608428

KAISER KARL

Raphaëlle Bacqué, dont l'œuvre a été récompensée par plusieurs prix, est grand reporter au *Monde* depuis 1999. Elle est également l'auteure, entre autres, de *Seul comme Chirac*, *La Femme fatale*, *L'Enfer de Matignon*, *Richie*, *Le Dernier Mort de Mitterrand* et *La Communauté*.

Paru au Livre de Poche :

LA COMMUNAUTÉ

LE DERNIER MORT DE MITTERRAND

RICHIE

RAPHAËLLE BACQUÉ

Kaiser Karl

ALBIN MICHEL

© Éditions Albin Michel, 2019.
ISBN : 978-2-253-82055-0 – 1re publication LGF

Un jour, quand je serai vieux, j'aurai donc rétréci,
je vivrai avec le canapé, les bergères,
la table sur laquelle j'écrivais et dessinais…
Et je dormirai dans mon lit d'enfant.

Karl LAGERFELD

Préambule

Pas d'enterrement. Pas de cérémonie non plus. Ni défilé devant le cercueil. Ni larmes, cette faute de goût. « *Plutôt mourir* », a-t-il drôlement dit, « *je veux juste disparaître comme les animaux de la forêt vierge...* » Voilà que pourtant des policiers en civil et des gardes du corps de sociétés privées se sont postés, tous les quinze mètres, sur le chemin que doit emprunter le corbillard. Déjà, une file de limousines noires attend devant le crématorium du mont Valérien. Ces chauffeurs en costume slim, ces mannequins qui remontent l'allée perchées sur leurs talons, ces patrons propriétaires des grandes maisons de couture qui se hâtent, on croirait une fashion week funèbre.

Quelques minutes auparavant, un petit groupe d'intimes s'est réuni devant le cercueil noir, ouvert. Karl Lagerfeld était là, étendu et raide sur les coussins de satin blanc, avec ses lunettes noires et ses cheveux poudrés. Il aurait détesté être ainsi exposé, avec ce teint cireux des cadavres et cette « panoplie » qui lui a si longtemps tenu lieu de masque dans le monde entier. Mais c'est le lot des morts. Jusque-là, il régnait sans partage sur la mode, et ni ses actionnaires ni ses collaborateurs n'auraient osé le contredire. Maintenant qu'il a disparu, on lui désobéit déjà.

La direction de Chanel, qui a décidé l'ordonnancement de la cérémonie, n'a pas osé complètement s'affranchir, cependant. Quelque deux cents personnes ont été conviées, par un carton d'invitation, comme pour une fête, mais il n'y a ni fleurs ni couronnes. Pas de messe non plus, « *Karl aimait la pompe majestueuse des cathédrales, mais il était athée* », souffle une amie. L'endroit est sinistre et laid. Sans les décors grandioses, les bouquets et les lumières qui ont servi d'écrin, ces dernières années, aux défilés du couturier.

Dans cet entre-deux mi-mondain, mi-sobre, les invités ont été placés selon cette subtile hiérarchie sociale qui correspond si peu à la fabrication d'une robe. Aux premiers rangs, Alain Wertheimer, le propriétaire de Chanel, et, de l'autre côté de la travée, celui de LVMH, Bernard Arnault, accompagné de deux de ses enfants, Antoine et Delphine. Caroline de Monaco et Anna Wintour, la grande prêtresse de la mode, Ines de la Fressange et Baptiste Giabiconi, le mannequin préféré de Lagerfeld, sont derrière. De Hambourg, la ville natale de Karl, est arrivée Florentine Pabst, l'amie la plus ancienne du couturier. Dans la petite foule, on reconnaît à peine Virginie Viard, cette styliste restée vingt ans dans l'ombre du maître. Nommée quelques heures après sa mort pour lui succéder, elle n'ose pas encore sortir dans la lumière.

Derrière l'aréopage de célébrités, enfin, voici les

premières d'atelier. Elles ont passé tant d'heures, un genou à terre, à piquer des épingles dans des étoffes sublimes… Elles seules connaissent le labeur d'artisan pour dessiner une collection et faire fleurir d'un rouleau de soie une blouse floue et légère. Plusieurs d'entre elles pleurent. Mais elles ne sont qu'une poignée dans les travées. La plupart des ouvrières de la haute couture n'ont pas été conviées.

C'est une cérémonie étrange. Rien ne ressemble au défunt, sinon peut-être ces vers de la poétesse française Catherine Pozzi, traduits en allemand par Lagerfeld, que la princesse Caroline a choisi de lire, avec un accent parfait. C'est le risque lorsqu'on s'interdit de penser à la mort. Le couturier n'a laissé aucune consigne sinon son refus des funérailles et cette lapalissade qui semblait claquer comme un ordre : « *Quand c'est fini, c'est fini !* » Jusqu'au bout, sa disparition est restée taboue. Même ce mardi matin, 19 février 2019, où le styliste s'est éteint à l'âge de quatre-vingt-cinq ans, dans une chambre de l'hôpital américain, à Neuilly, où il avait été transporté la veille, son entourage a paru pris de court. Karl Lagerfeld est mort aux côtés de Sébastien Jondeau, son bodyguard et homme de confiance, et le monde florissant de la mode s'est retrouvé tétanisé. Il a fallu plusieurs heures de conciliabules, rue Cambon, avant de confirmer le décès du couturier. Comment mieux dire combien la disparition du dernier empereur de la mode paraît sacrilège ?

Quelques mois auparavant, lorsque j'avais commencé à me documenter sur lui, pour une enquête dans *Le Monde*, je m'étais heurtée à la même terreur.

« *Ce n'est pas pour une nécrologie, n'est-ce pas ?* » s'étaient effrayées ses collaboratrices. Même le puissant Bernard Arnault, avec son allure froide de squale glissant dans les profondeurs, avait vivement confirmé que Lagerfeld disait vrai : chez Fendi, propriété de LVMH, dont « Karl » dessinait les collections de fourrures depuis 1965, le contrat était « à vie ». D'un coup de dents, le redoutable patron de LVMH avait déchiqueté toutes les rumeurs de succession en s'écriant : « *Je ne veux pas l'envisager. D'ailleurs, nous n'en parlons jamais. Le seul cas semblable à celui de Karl, c'est le pape, vous savez !* »

Pape, empereur, *Kaiser* et pas une biographie... c'est ce qui m'a d'abord frappée. Cet homme au carrefour des cercles du pouvoir, de l'argent, des médias et de la mode est resté parfaitement secret. On ne peut pas dire, pourtant, que son visage, son allure, son accent soient inconnus du monde. Des années auparavant, lors d'un reportage au fin fond de la Chine, alors que je m'étais perdue, j'avais été secourue par un paysan au volant d'une vieille guimbarde. Son visage était parcheminé, il portait un bleu de travail usé, nous parlions par gestes. Épinglé sur le revers de sa veste, brillait cependant un pin's incongru : j'avais aussitôt reconnu la silhouette fine, les lunettes noires et la queue de cheval blanche. Mais cette icône clinquante jusque dans les campagnes chinoises était un mystère. On l'identifiait partout et partout il avait empêché qu'on sache vraiment qui il était.

Lagerfeld lui-même, lors de notre rencontre, sembla sur ses gardes. Après des mois de négociations, il apparut un soir, avec ses mitaines, ses bagues – deux ou trois à chaque doigt –, une broche de Suzanne Belperron épinglée à sa cravate, bref, tous les accessoires de « *la marionnette dont je tire les ficelles* », comme il disait. Pour montrer sa bonne volonté, ou peut-être m'égarer d'emblée, il avait ôté ses lunettes noires. Son regard brun était à la fois sarcastique et doux. Moins impressionnant, en tout cas. Il parlait avec ce phrasé rapide et cet accent d'aristo allemand si particulier que tous ceux que j'ai interrogés par la suite se sont mis immanquablement à l'imiter. Mais il brisa vite mes illusions : trois heures durant, il fit assaut d'anecdotes charmantes… puis conclut avec une sorte de cri du cœur ravi : « *De toute façon, tous ceux qui connaissent mon histoire sont plus ou moins au cimetière…* »

Il s'est trompé. Ils sont encore nombreux, ceux qui ont croisé la route de cet homme, avant qu'il ne devienne un acteur entièrement pénétré de son rôle. Beaucoup n'avaient qu'un petit bout de l'histoire. D'autres ont attendu qu'il meure pour parler enfin sans le craindre. Il a fallu revenir sur ses traces, relire la légende qu'il avait façonnée pendant soixante années, comprendre ce qui avait fait d'un fils de la bourgeoisie allemande né pendant la guerre le modèle de l'industrie du luxe et de la mode mondialisée. Et peu à peu, le puzzle s'est assemblé.

1

Le premier voyage a été pour Hambourg. Quatorze mois avant de mourir, alors que les rumeurs sur sa maladie vont et viennent comme un clapot régulier, Karl Lagerfeld a voulu organiser pour la première fois un défilé dans sa ville natale et je suis partie dans son sillage. En ce mois de décembre 2017, il fait un froid glacial sur les bords de l'Elbe. Trois mille personnes ont été conviées par Chanel à l'Elbphilharmonie où doit être montrée la collection croisière, puis sur les docks où une grande fête est prévue. Curieusement, pourtant, Lagerfeld s'acharne depuis deux jours à faire croire qu'il ne sort pas de son hôtel.

C'est la première fois que le couturier vient présenter ses robes et ses tailleurs dans la ville où il est né, mais il a prévenu d'emblée : « *Je suis contre les voyages dans mon propre passé.* » Il ne veut pas que l'on interprète ce retour aux sources. « *Ceux qui disent que la boucle est bouclée, bouclez-la !* » a-t-il menacé. Pour couper court à toute inquisition, il a d'ailleurs si bien critiqué Angela Merkel, sa politique migratoire et son manque d'élégance vestimentaire, que le maire de la ville a renoncé à venir accueillir cet enfant du pays si rétif à célébrer ses origines. La presse ose à peine lui parler de sa jeunesse allemande. Et moi-même, je ne sais pas trop par où commencer, surprise par sa réticence à l'égard de son pays natal, lui qui me paraît pourtant si prussien.

Lagerfeld a réservé pour le déjeuner chez Jacob, le restaurant dont la terrasse ombragée a été peinte dans les années 20 par Max Liebermann, avant que l'avènement du nazisme n'oblige l'artiste à démissionner de l'Académie des arts de Berlin. Le couturier a convié, sous les lustres de cristal de la salle à manger, quelques amis et collaborateurs. À travers les vitres des hautes fenêtres, on voit le fleuve couler en contrebas… C'est là qu'il venait, enfant, le dimanche avec ses parents.

Il m'a fait passer une photo de sa mère, Elisabeth, bourgeoise élégante avec son collier à double rangée de perles, et une autre de son père. Sur le cliché, Otto Lagerfeld doit avoir quarante ans. Il porte avec élégance des vestes de tweed, des pantalons de flanelle et de gros croquenots de marche, comme un homme du monde qui ne dédaignerait pas le sport. « *Un Allemand de Weimar* », a dit Lagerfeld. La grande fête organisée par Chanel a d'ailleurs été entièrement imaginée dans ce goût des années 20, avec des matelots en caban chantant des chansons de marins, des saucisses et de la bière. L'Allemagne qu'il veut servir à cette assistance venue du monde entier est un chromo d'avant guerre.

16

Le quartier de Blankenese, sur les hauteurs de Hambourg où les Lagerfeld s'étaient installés dans les années 30, dans une maison près de Baurs Park, est resté verdoyant et tranquille comme au temps de son enfance. Des hauteurs, on peut admirer les grands navires de commerce et les péniches glisser sur l'Elbe sombre. Sans doute Otto Lagerfeld avait-il choisi à dessein ce grand port industriel, lui qui avait passé les premières années de sa vie professionnelle à voyager, au Venezuela puis aux États-Unis.

Dans la famille, on raconte qu'Otto, né en 1880, avait vu San Francisco ravagé par le tremblement de terre de 1906. La guerre de 14-18, qui a décimé tant d'Européens, l'a ensuite à peine effleuré : « *Il était à Vladivostok* », affirme son fils. Il y faisait du commerce, la grande affaire de sa vie. Depuis la cité la plus orientale d'Europe, Otto a introduit en Russie le lait en conserve américain Carnation rebaptisé à son initiative Gvozdika (« Œillet »). Il commençait à peine à s'enrichir lorsque les prémices de la Révolution russe l'ont cueilli. Depuis, il fait figure d'aventurier autant que d'homme d'affaires aux yeux des Lagerfeld. Sauf de son fils qui parle de lui sévèrement comme on parlerait d'un comptable.

Dans les innombrables interviews qu'a données le couturier, il a toujours plus volontiers évoqué sa mère, Elisabeth Bahlmann, une Prussienne divorcée. Elle était de dix-sept ans sa cadette lorsque Otto l'a épousée en 1930, alors qu'il était lui-même veuf et père d'une petite Théa. Une chose saute tout de suite aux yeux, lorsqu'on regarde ses portraits : Karl tient tout d'elle. Il a les mêmes yeux bruns, si foncés qu'on les croirait noirs, une chevelure épaisse semblable et ces lèvres sensuelles qui ne sourient qu'avec ironie. Est-ce Elisabeth qui lui a transmis ce goût pour le mystère et cette façon de toujours s'arranger avec la vérité ?

« *Tu peux me questionner sur mon enfance et sur tout depuis que je connais ton père*, disait-elle à Karl. *Ce qui est au milieu ne te regarde pas.* » « Au milieu », c'est sans doute son origine sociale qu'elle cache. Avant d'épouser Otto et sa situation prospère, Elisabeth était vendeuse de lingerie à Berlin, a assuré Kurt Lagerfeld, un cousin de Karl, à la journaliste anglaise Alicia Drake. En plus d'être divorcée, ce qui n'est pas une situation enviable pour une femme de l'époque, il faut qu'elle ait eu de la séduction et de la personnalité pour parvenir à faire, à trente-deux ans, ce mariage qui l'a installée dans la bourgeoisie aisée.

Revenir à Hambourg, en ce mois de décembre 2017, suivi par une armada de rédactrices de mode, c'est reposer le pied sur le terrain mouvant du passé. Depuis qu'il est célèbre, Karl Lagerfeld en a donné plusieurs versions, toutes plus extraordinaires les unes que les autres. Mille fois, il a raconté le train de vie de sa famille, la cuisinière pour les dîners, le jardinier dans le parc et la gouvernante préposée aux enfants. Elisabeth n'imaginait pas faire la moindre tâche ménagère ou éducative. « *Elle disait : "Il faut d'abord penser à soi, ce qui permet aux autres de s'occuper de leurs prochains"* », assure son fils. Une

Berlinoise, réfugiée à Hambourg, avait donc aussi été recrutée pour donner des leçons de français à Karl et à ses sœurs, Martha-Christiane, que tout le monde appelle Christel, de deux ans son aînée, et Théa.

Lagerfeld s'est toujours décrit comme un enfant en avance. Il est né le 10 septembre 1933 et assure qu'à cinq ans il savait déjà lire et écrire l'allemand et parler un anglais et un français convenables. C'était « un enfant de vieux ». D'ailleurs, était-ce un enfant ? Sur les photos, on l'imagine rien qu'à le voir bien droit, dans ses petits costumes, débuter la conversation comme un adulte.

J'ai longtemps cherché ce qu'avait fait Otto pendant la guerre pour n'avoir souffert ni du nazisme, ni des destructions de Hambourg, ni même des règlements de compte et de l'épuration une fois la paix retrouvée. Karl lui a-t-il seulement posé la question ? Son père a maintes fois raconté à sa famille ses aventures. Pas ses compromis avec le régime. Il a relaté comment, en 1925, il avait liquidé son commerce d'importation de produits alimentaires pour rejoindre l'American Milk Products Corporation, dont il avait créé, à quarante-cinq ans, la filiale allemande, Glücksklee, pour fabriquer du lait concentré. Plutôt que d'importer, Otto a lancé la transformation du lait directement dans des usines allemandes, notamment à Neustadt, à une trentaine de kilomètres de Lübeck.

« *Son ambition était entièrement centrée sur l'augmentation de son chiffre d'affaires* », assure son fils qui ne lui donne jamais un grand rôle dans ses récits. À l'entendre, l'industriel a toujours été porté sur les affaires plutôt que sur la politique. Mais dans ces années-là, peut-on vraiment se détourner des bouleversements de l'Histoire ?

Dans le quartier de Blankenese, la bourgeoisie prussienne du début des années 40 paraît vivre comme avant, même si les fils sont au front. La presse allemande ne rapporte que les avancées victorieuses de la Wehrmacht. Sur la Mittelweg, où sont installés les bureaux de la Glücksklee-Milch, au numéro 36, de plus en plus d'appartements sont vides, cependant. Ce sont ceux qui appartenaient aux grandes familles de la bourgeoisie juive de Hambourg. Des juifs allemands si bien assimilés que la plupart d'entre eux n'ont pas cru que l'avènement d'Hitler pourrait les menacer.

La Mittelweg est toujours là, comme le poumon commerçant et dynamique de la ville. Soixante-quinze ans plus tard, on bute pourtant sans cesse sur de petits pavés dorés, scellés dans le sol. Ce sont les « stolpersteine » – littéralement des pierres d'achoppement –, installées dans les années 90 comme une balise. Une pierre, un déporté. Otto a-t-il pu ignorer la disparition des diplomates, des avocats, des médecins qui étaient ses voisins, remplacés dès 1941 par la nomenklatura national-socialiste qui s'installa dans les appartements désertés ?

À cette époque, le père de Karl, quinquagénaire, n'est pas mobilisable. C'est une chance dans un pays où plus de dix-huit millions d'hommes sont au front, dont cinq millions et demi mourront et les autres rentreront défaits et honteux. Parce qu'il souhaitait posséder une résidence secondaire, mais aussi sans doute parce qu'il a connu, en Russie, les effets d'une révolution, Otto a acheté en 1934, un an après l'avènement d'Hitler, une propriété à 40 kilomètres au nord-est de Hambourg, tout près de la petite station balnéaire de Bad Bramstedt. C'était une occasion à saisir. La crise des années 30 a ruiné les hobereaux allemands qui dominaient jusque-là les provinces et il n'est pas le seul membre de cette bourgeoisie commerçante et républicaine de Hambourg à racheter des terres devenues disponibles.

Karl Lagerfeld a souvent dessiné cette maison de son enfance. La seule dont il ait vraiment gardé la mémoire. Dans ses croquis, le domaine de Bissenmoor a l'allure de ces propriétés patriciennes qui parsèment le Schleswig-Holstein. C'est une vaste demeure blanche 1900, dotée d'une grande terrasse, d'un balcon et d'une façade néo-antique. Devant la maison, s'étale un grand parterre pavé où montent les voitures, puis une plate-bande de fleurs et 3 000 hectares de forêt.

Aujourd'hui, la demeure, d'abord transformée en restaurant puis en maison de retraite, a fini par tomber en ruine et disparaître. Je n'en ai même pas retrouvé la trace. Mais les alentours offrent toujours des paysages de campagne splendides et robustes, parcourus par les vents maritimes venus de la mer du Nord, à l'ouest, et, à l'est, de la Baltique. Le bourg de Bad Bramstedt a grossi mais ne dépasse pas les 15 000 habitants. Les paysages ont gardé la fraîcheur des prairies. Des miroirs posés sur le sol, c'est l'impression que donnent ces multiples canaux et rivières traversant la verdure.

Dès le milieu des années 30 où plane la menace d'une guerre, Otto a repéré les fermes environnantes qui, en cas de conflit, assureront l'approvisionnement. Le petit Karl a sept ans en 1940 et c'est vrai qu'il a pu croire que la guerre n'existait pas. « *Je n'ai pas le souvenir d'avoir vu mes parents inquiets, mais sans doute évitaient-ils de parler politique* », balaie-t-il lorsqu'on lui pose la question.

Otto a bien trop d'expérience pour ne pas comprendre ce qui menace. Il parle parfaitement l'anglais, le français, un peu de russe, assez pour suivre les nouvelles du front. Dès 1942, il a décidé d'éloigner sa famille de la ville portuaire, stratégique en temps de guerre. Hambourg est devenue dangereuse, Elisabeth et les enfants seront plus en sûreté à Bad Bramstedt. Pour les filles, le couple a jugé plus simple d'inscrire Théa et Christel en pension, à quelques kilomètres du bourg, mais le petit Karl est resté avec sa mère et suit les cours dans la petite école privée du village, la Jürgen-Fuhlendorf. Il n'a pas dix ans et il a déjà l'impression d'être en exil, dans cette école, si loin de la grande ville.

Lorsque je lui ai demandé quel souvenir il en avait conservé, il m'a renvoyé au *Ruban blanc*, ce film de l'Autrichien Michael Haneke réalisé en 2009. Une campagne sublime et une galerie de personnages glaçants, est-ce vraiment cela qu'il garde du village de son enfance ? Quand il se revoit à l'âge de dix ans, il se souvient d'abord d'une solitude absolue. Comme la vie a été pesante, dans cette campagne verdoyante où il semble n'avoir trouvé aucun camarade pour éclairer sa jeunesse. Sur les photos de classe, il ne ressemble à personne. Alors que tous les autres garçons portent de gros débardeurs sur leurs chemisettes, Karl détonne avec sa veste de costume à grands revers, sa cravate et sa frange sur le front. Il porte les cheveux longs quand tous les garçons ont adopté cette coupe en vogue depuis l'avènement des nazis : ras sur la nuque avec quelques mèches plus longues sur le dessus. Il a l'air d'un bourgeois et même d'un dandy, dans ce petit bourg où l'on vit dans l'effort de guerre.

Plusieurs de ses voisins un peu plus âgés ont été enrôlés dans les Jeunesses hitlériennes, obligatoires à partir de quatorze ans. Des dizaines de gamins en short noir et chemisette kaki organisent chaque jour des randonnées et des jeux de tir à la corde, cultivant ce corps sain qu'exalte le régime. Comment Karl se mêlerait-il à eux, lui qui ne sait ni grimper aux arbres ni taper dans un ballon ? C'est de cela qu'il se souviendra plus tard avec soulagement. Cette impression d'être resté à part. Et d'avoir tiré de cette solitude un violent désir d'émancipation.

Sans doute la vie à Bad Bramstedt est-elle encore suffisamment protégée pour qu'à dix ans le petit Karl soit surtout préoccupé de lui-même. Au fond, cette période chaotique présente un avantage merveilleux aux yeux d'un garçon comme lui : il vit presque en tête à tête avec sa mère. Otto est tout entier préoccupé par le sort de ses usines, menacées par les bombardements. À Neustadt, il a même dû faire quelques jours de prison – « *la dénonciation d'un type qui voulait prendre sa place »*, m'a assuré Lagerfeld – et se démène en tout cas pour maintenir sa production de lait qui alimente les civils mais aussi l'armée.

Aussi loin qu'il s'en souvienne, Karl se revoit en enfant roi, objet de toutes les attentions. La famille vit sur un plus grand pied que ses voisins, avec un jardinier, une cuisinière et une bonne. Mais c'est lui qui frappe les autres enfants. Je n'ai retrouvé parmi ses anciens camarades de classe qu'une charmante vieille dame, Ursula Scheube. Oh, elle se souvient bien de ce petit garçon *« si différent »*. L'enfant qu'elle décrit ne correspond en rien aux normes de l'époque. Ursula le revoit *« dessinant sans cesse au milieu des gamins de son âge qui jouent dans la campagne. Il crayonnait pendant les cours, lors des récréations ou sur le perron de la maison de ses parents »*.

Il faut qu'il soit sûr de lui – *« arrogant et snob »*, dira-t-il plus tard – pour se distinguer ainsi quand la plupart des garçons de l'époque aspirent à se fondre dans la masse uniforme et militarisée de la Hitlerjugend. Karl est même parfois d'une suffisance étonnante, sûr de sa supériorité et de sa distinction. Même son professeur de français doit en rabattre. *« Il était gros et bossu et je corrigeais sans cesse son accent médiocre »*, assure Lagerfeld avant d'avouer : *« Je trouvais humiliant d'être un enfant, un être de seconde catégorie, alors que je me sentais supérieur... »*

Le petit Karl est plus précieux, plus féminin aussi, que les garnements qui l'entourent. Dans le monde des adultes, c'est un danger, une « tare » qui peut valoir la déportation. Dans celui des enfants, il peut compter sur sa mère pour le défendre contre les brimades et les préjugés. Un jour que l'instituteur a entrepris de frotter vigoureusement son visage avec son mouchoir, en assurant que Karl porte du rouge à lèvres, Elisabeth a dû écrire une lettre à l'école en criant au scandale. Les Lagerfeld sont des notables, il a fallu que l'instituteur s'excuse.

Il racontera plus tard qu'il a fini par demander un jour : « *Qu'est-ce que c'est un homosexuel ?* » Oh, cette réponse de sa mère, comme il s'en souvient ! « *C'est comme une couleur de cheveux, rien de plus... Pour les gens civilisés, qu'est-ce que ça peut faire ?* »

« *Qu'est-ce que ça peut faire ?* » c'est comme cela qu'il résume sa vie pendant la guerre. Inaccessible au tumulte qui l'entoure. Toutes les provinces de l'Est vivent d'ailleurs comme si elles étaient à l'abri. Les campagnes rutilantes, parcourues par les vents maritimes, voient de temps à autre passer les avions allemands et bientôt les aéroplanes alliés en repérage au-dessus des ports et des usines, mais on peut se croire loin du tumulte qui déchire l'Europe.

« *Je n'ai rien vu de la guerre* », m'a-t-il assuré plusieurs fois avec force. Il faut insister pour qu'il reconnaisse avoir gardé le souvenir des grands bombardements de Hambourg. Du 24 juillet au 3 août 1943, les aviations britannique et américaine ont largué 10 000 tonnes de bombes incendiaires au napalm sur le port hanséatique et l'est de la ville, là où sont édifiés les quartiers populaires. Hambourg est la première ville allemande visée par les Alliés et l'opération baptisée « Gomorrhe » ressemble bien à la destruction divine de la Genèse.

À 50 kilomètres à la ronde, les Allemands regardent avec effroi les flammes et les nuages de cendres. *« Oui, j'ai vu le ciel rouge et les avions. Nous étions montés sur un terre-plein pour contempler les feux au loin »*, reconnaît-il. Dans sa ville natale, 40 000 personnes meurent dans les incendies qui ravagent la cité à plus de 80 %.

Ce n'est pas seulement le nazisme que Karl s'efforce d'oublier, depuis. C'est aussi l'anarchie qui a suivi. Les centaines de milliers de réfugiés fuyant l'avancée de l'Armée rouge, à l'Est. Et les ambiguïtés de la fin de la guerre. En 1945, Otto a eu soixante-cinq ans, il aurait pu prendre sa retraite. Mais les patrons allemands polyglottes et énergiques comme lui sont rares et il n'a eu aucun mal à poursuivre sa carrière d'homme d'affaires. Les archives de Hambourg ont brûlé et l'épuration d'après-guerre a été relativement clémente dans cette zone sous administration britannique. Tout le monde a fermé les yeux sur le fait qu'il avait obtenu du régime nazi de continuer à diriger Glücksklee pendant toute la guerre, bien que l'entreprise ait été classée, comme filiale d'une entreprise américaine, dans la catégorie des biens ennemis. C'est au prix, cependant, d'une discrétion absolue sur ces années 40.

Soixante-quinze ans plus tard, alors qu'il est adulé

du monde entier, Karl Lagerfeld, de retour dans sa ville, ne veut pas avoir à évoquer ce passé. Il est allemand mais absent de cette histoire. J'aurais dû le comprendre d'emblée, c'est à partir de là qu'il a commencé à redessiner sa vie.

Comment a-t-il fait pour obtenir de ses parents de quitter l'Allemagne à dix-neuf ans ? Il maîtrise l'anglais et le français, mais il n'a pas son baccalauréat… C'est bien assez pour commencer une nouvelle vie. Des milliers de jeunes gens comme lui aspirent à quitter ce pays en ruine écrasé par la honte du nazisme. Il n'a pas eu grand mal à convaincre Otto que son avenir était ailleurs.

Sa sœur Christel aussi songe à s'exiler aux États-Unis où bientôt elle se mariera pour vivre à Seattle. Karl, lui, ne jure que par Paris. La capitale française lui paraît seule pouvoir rompre avec cette petite bourgeoisie de Hambourg qu'il s'est mis à détester. Avec son complexe de supériorité déjà manifeste, s'il y a une chose à laquelle il veut échapper, c'est d'abord la pensée provinciale.

Elisabeth a montré les croquis de son fils au directeur de l'école des Beaux-Arts de Hambourg. Elle aime la littérature et la musique, mais comment ignorer que Karl est d'abord doué pour le dessin ? Il y en a des centaines, crayonnés d'un trait sûr. « Des caricatures d'enfants de la campagne, des portraits des amis de mes parents », assure Karl Lagerfeld. Plutôt qu'un futur artiste, le directeur a surtout noté que le jeune homme faisait preuve d'un intérêt marqué pour les vêtements. Qu'importe. Lorsque Elisabeth a décrété pour les enfants « Hambourg est la porte du monde, mais ce n'est que la porte, alors dehors ! », personne n'a trouvé aucune bonne raison de la contredire.

2

Au Café de Flore, Karl s'assied toujours face à la porte. Il est difficile de le manquer avec ses cheveux souples et bruns coiffés à la James Dean, son manteau de cachemire posé sur la banquette et ce regard de myope qui semble radiographier les tables voisines.

Il a cru étouffer dans cette Allemagne que le monde entier paraît haïr et le voilà maintenant, ébloui de nouveauté, installé comme un jeune dandy sur ces banquettes rouges où bat le cœur de Paris. Plus de guerre ni de ruines. La saleté des paysans affamés, les villes balafrées par les palissades, en 1952 il a tout laissé derrière lui.

Otto Lagerfeld a gardé l'aisance financière des gros commerçants des ligues hanséatiques et il est généreux. Il a payé le nécessaire et plus encore. L'hôtel d'étudiants, rue de la Sorbonne, et une demi-douzaine de costumes chez son propre tailleur, qui, dans ce Paris des années 50 à peine débarrassé des tickets de rationnement, font se retourner les passants.

Je me suis longtemps demandé pourquoi le père était si peu présent dans les récits du fils. « *Je me reproche de ne pas avoir été très gentil avec lui* », m'a glissé Lagerfeld. Il faut y voir le résultat de cette culpabilité secrète et de cette colère sourde qui minent, à l'époque, les relations entre les Allemands et leurs enfants. Depuis qu'il vit à Paris, Karl ne déjeune que de loin en loin avec cet homme viril et faussement nonchalant qui continue de voyager à travers l'Europe. Lorsqu'ils se retrouvent, ils parlent de Hambourg dont le port a repris ses activités, des voisins restés à la campagne. Et si peu de la guerre.

« *Je ne connais rien du passé de mes parents*, a dit un jour Lagerfeld. *Cela veut dire qu'il y en a un, mais je ne sais rien. Cela ne me regarde pas. D'ailleurs, je suis content de ne pas avoir d'enfants, cela m'évite ce genre d'enquête.* » Pensait-il à ces années où il a voulu recomposer sa généalogie ? Dans ces années 50, Karl sait et ne sait pas tout à la fois. Ou plutôt, il voudrait modifier la vérité. Au fond, si dans ces premières interviews j'ai parfois été égarée par ses récits autobiographiques toujours différents, c'est parce qu'à cette époque il a rêvé que son père ne soit pas allemand. Ou alors un de ces Allemands sans lien avec la guerre, entre les châteaux féeriques de Louis II de Bavière et la bibliothèque de Goethe, dans sa maison à Weimar. Un de ces aristocrates corsetés dans leur éducation comme Erich Von Stroheim dans sa minerve, et qui, depuis *La Grande Illusion* de Jean Renoir, ne sont jamais tout à fait des ennemis.

C'est à ce moment-là qu'il a appris à tenir si bien la conversation pour éviter les questionnements. C'est devenu une seconde nature. Quel autre jeune homme de vingt ans sait comme lui raconter des anecdotes, dès que le débat menace de venir sur les pénuries, les fils morts au combat, les compromissions des uns et des autres, tous ces sujets qui pèsent encore sur les esprits ? Même lorsqu'il croise un compatriote, il évite cette familiarité qui risque toujours de dévier vers les interrogations sur le passé.

Lors d'un dîner chez la comtesse Nicole de Blégiers, quelques années après son arrivée, il a rencontré le couturier Azzedine Alaïa et le compagnon de ce dernier, Christoph von Weyhe. Le jeune homme n'a que quelques années de moins que Karl et il vient lui aussi de Hambourg. Mieux, son père, issu d'une grande famille aristocratique du Schleswig-Holstein, possédait des hectares de pâturages et des troupeaux de vaches dont le lait a longtemps alimenté les usines d'Otto Lagerfeld. Vingt fois, il l'a entendu dire : « *Le fils d'Otto est à Paris, tu devrais aller le voir… »*

Plus encore que Karl, il a vécu les chaos du conflit. Sa mère, fille de riches aristocrates, possédait des terres, près de Halle, plus à l'est, où la famille s'était réfugiée après les bombardements de Hambourg. C'est là que l'Armée rouge les a trouvés, en 1945. Christoph von Weyhe n'avait pas huit ans mais il revoit encore l'étoile rouge au revers de la veste d'officier du commandant russe qui vint un jour à la porte de leur manoir pour signifier : « *La propriété est réquisitionnée, vos terres seront redistribuées. Demain, nous vous emmènerons dans un camp de réfugiés.* » Le père était prisonnier des Américains, le frère aîné, mobilisé en janvier 45 par un Hitler aux abois, dans un camp soviétique, en Tchécoslovaquie. À peine le commandant russe a eu le dos tourné que Frau Von

33

Weyhe a pris ses enfants, une petite valise et abandonné tout pour revenir à Hambourg. À l'ouest.

Christoph von Weyhe a suivi presque le même parcours que Karl, bien qu'il soit plus jeune de cinq années. L'exil à Paris, puis les Beaux-Arts, et la rencontre avec Alaïa, ce couturier que Lagerfeld n'aime pas. Ils pourraient être amis, ces Allemands exilés à Paris. Mais Karl est bien trop occupé à recomposer son passé. Un Allemand, qui plus est le fils d'un ami de son père, c'est un risque de dévoilement.

Soixante ans plus tard, Christoph von Weyhe se souvient encore de ce dîner où Karl fit assaut de mondanités. *« Il ne parlait que de la maison que ses parents venaient d'acheter à Baden-Baden, laissait planer l'idée qu'il avait des origines aristocratiques, suédoises même ! »* Cette conversation virevoltante, érudite et légère... C'est le début de ces écrans de fumée dont Lagerfeld deviendra un expert.

Il faut imaginer l'effort que cela a été pour Karl Lagerfeld de faire oublier ses origines. Dans le Paris de l'époque, on dit encore *« les Boches »*. Même les intellectuels et les actrices qui viennent déjeuner au Flore d'un œuf sur le plat glissent parfois une allusion aux *« Schleus »* ou aux *« Fritz »*. Le conflit s'est à peine éloigné et l'Occupation est encore un souvenir à vif.

Tous les beaux endroits de la capitale en portent la marque. À l'hôtel Majestic, avenue Kléber, logeait le haut commandement militaire allemand en France. Au Lutetia était le siège de l'Abwehr, au Ritz, celui de la Luftwaffe. À l'hôtel Meurice se tenaient les différents gouverneurs militaires. À l'angle de la rue du 4-Septembre et de l'avenue de l'Opéra, régnait la Kommandantur, au 52, avenue des Champs-Élysées la Propagandastaffel et au 78, rue de Lille vivait Otto Abetz, l'ambassadeur d'Allemagne en France... Et Karl, lui, apprend déjà à être un citoyen du monde.

Les « *Fridolins* », rigolent les serveurs du Flore. La plupart des Parisiens que Karl côtoie n'ont pourtant qu'une envie : sauter allègrement par-dessus les années 40. Ou alors ils tournent l'Occupation en dérision. Bourvil et Gabin traversant Paris avec des jambons achetés au marché noir, voilà ce que l'on va voir au cinéma. Les Allemands ? La bonne blague !

Mais Karl est encore sur ses gardes. Il s'est exercé à prononcer « *boche* » d'un air dégagé. Il avoue rarement qu'il vient de Hambourg. Lorsqu'il faut commander des saucisses de Francfort, « *une faiblesse venue de l'enfance* », dit-il, il prononce à la française « *Franquefore* ». Avec ses yeux sombres sous d'épais sourcils noirs, on le croit d'ailleurs turc ou kabyle. Il faut qu'il ouvre la bouche pour que ses interlocuteurs abandonnent l'Orient et que défile dans leur imagination toute l'Europe du Nord : « *Danois ?* » « *Hollandais ?* » « *Suédois !* » Il apprend à laisser planer le doute. Déjà, il a remarqué qu'il suffit d'être élégant et raffiné pour que personne ne vous croie originaire de l'autre côté du Rhin.

C'est vrai que Karl a gardé un peu d'accent. Bien moins prononcé que celui qu'il cultivera plus tard, pour accentuer sa singularité, mais un accent tout de même. Son français est excellent, cependant. Depuis son arrivée gare du Nord, il s'est employé à parfaire son vocabulaire et même son argot en allant s'asseoir au Champollion devant des dizaines de films de série B.

Combien de fois a-t-il vu Raimu et Renée Saint-Cyr dans *L'École des cocottes,* un film de 1935 mettant en scène une petite couturière de Montmartre tombée sous la coupe d'un professeur de bonnes manières qui veut en faire une demi-mondaine ? « *J'ai bien l'intention de prendre un lift pour le beau monde* », répète cyniquement la petite couturière, fausse oie blanche dans sa petite robe noire à col de dentelle. Karl s'enchante de ses tournures grossières que son mentor doit corriger.

Le *Witz*, c'est ainsi que les Allemands appellent ce sens de la repartie si difficile à posséder dans une langue qui n'est pas la sienne. En quelques années, Karl s'est imposé ce défi : il a de l'humour en français, maîtrise les jeux de mots et les traits d'esprit, les boutades et les doubles sens.

Adolescent, il avait découvert dans la bibliothèque familiale Victor Hugo et Alexandre Dumas, lus en français dans le texte. Désormais, il pioche aussi chez Proust et Colette, lit de la poésie, des biographies historiques et ce livre qui lui sert de bréviaire, les *Lettres de la princesse Palatine*, la belle-sœur de Louis XIV venue de Heidelberg – « *ma compatriote* », dit-il drôlement. Bien avant l'accolade fraternelle entre de Gaulle et Adenauer, il a mis en pratique la réconciliation franco-allemande. « *Pour être plus français que français, il faut être étranger,* a-t-il compris. *Ce n'est pas une affaire patriotique : c'est purement esthétique.* »

Pour ses premières flâneries à Paris, le jeune Lagerfeld a humé le parfum du Quartier latin. De là, il peut arpenter les endroits à la mode, découvrir les hôtels particuliers et les musées. Les codes, les snobismes de la capitale, Karl les a dévorés avec gourmandise. Il est drôle, cultivé, d'une élégance absolue parmi ces Parisiens qui n'ont pas encore retrouvé le cours normal de leur existence et vivent souvent dans des appartements sans véritable salle de bains.

Le jeune Lagerfeld, lui, se fournit grâce à son père chez les meilleurs faiseurs et porte à vingt ans des chemises sur mesure confectionnées chez Hilditch & Key sous de beaux costumes de chez Cifonelli. Il a aussi réclamé un pardessus de fine laine bleu nuit acheté en face de l'hôtel George V où Otto a ses habitudes. La mode habille avec élégance ce qu'il veut cacher. Déjà, il a commencé à se forger la philosophie qui dominera sa vie : « *Je ne me souviens de rien. Mon truc, c'est de brûler tout et de recommencer à zéro.* »

Il est à Paris mais c'est en Allemagne qu'il a vu son premier défilé de mode, le 13 décembre 1949. Elisabeth avait repris sa vie mondaine et c'est elle qui a emmené son fils à l'hôtel Esplanade de Hambourg où les Lagerfeld avaient leurs habitudes avant qu'ils ne rachètent une maison dans les quartiers bourgeois, sur les hauteurs de la ville. Christian Dior est venu y présenter sa dernière collection à la bourgeoisie renaissante de la nouvelle République fédérale d'Allemagne, mais aussi aux derniers officiers britanniques qui finissent d'évacuer la zone d'occupation.

Quelle meilleure fuite devant la tragédie que la mode, la beauté, la futilité ? Dior a créé sa maison trois ans auparavant, financé par Marcel Boussac, mais même dans Hambourg en ruine, on a vu le dessin de ses robes Corolle. Les Allemands qui assistent au défilé savent-ils que Catherine, la sœur cadette du couturier, a été déportée en 1944 à Ravensbrück pour faits de résistance ? Dior n'en a pas dit un mot à la presse. Il ne plaide que « le retour au seyant et au joli dont les femmes ont été privées depuis bien des lustres ».

La silhouette qu'il propose est sublime et révolutionnaire : taille cintrée, poitrine haute et ronde, épaules étroites, jambes découvertes à mi-mollet. Comme Karl se souvient combien ce défilé de robes fourreaux et de manchons de vison provoqua l'éblouissement ! Maintenant qu'il est à Paris, il sait qu'il veut retrouver cette magie, ancrée dans son esprit d'enfant de la guerre : il suffit d'une jolie robe pour habiller tous les chagrins.

3

En moins de deux ans à Paris, Karl Lagerfeld a pénétré ce cœur chatoyant de l'orgueil hexagonal : la mode. Jamais le petit garçon qui autrefois dessinait au fond de la classe n'a abandonné sa passion. Toute la journée, il crayonne des caricatures, croque des silhouettes, habille des femmes de papier avec l'idée de devenir illustrateur. Devant lui, il garde des cahiers de papier blanc et des magazines dont il découpe les images qui l'inspirent. Otto Lagerfeld a financé sa passion à ses débuts mais, depuis l'hiver 1954, Karl gagne sa vie.

Six mois auparavant, il s'est présenté à un concours organisé par la marque Woolmark et la chambre syndicale de la couture parisienne. Les premiers prix sont dotés de 300 000 francs. C'est six fois la rente mensuelle déjà très confortable que lui verse son père. « J'ai envoyé des dessins, puis j'ai presque oublié, jusqu'à ce qu'un télégramme arrive, six mois plus tard... », assure-t-il en mentant un peu. Ce concours est une chance et jamais il n'aurait laissé passer une telle opportunité.

Sur la photo, prise le 25 novembre 1954, ils sont

41

trois lauréats, posant à côté de trois mannequins. Tout à droite, Colette Bracchi, la jeune fille qui a gagné le premier prix dans la section tailleur de ce « Goncourt de la couture ». Elle porte une queue de cheval et des sandales en plein hiver, mais elle paraît suffisamment sûre d'elle, au côté du mannequin qui porte son tailleur noir et blanc sous une sorte de petit calot à voilette. Comment pourrait-elle deviner que, des trois lauréats, c'est elle qui sombrera dans les oubliettes de la mode, éclipsée par la gloire de ses condisciples ?

À gauche, de l'autre côté de l'estrade, on reconnaît les yeux bruns légèrement inquiets du jeune Karl, avec ses cheveux bruns coiffés à la James Dean. À ses côtés, son œuvre : un manteau de cheviotte couleur jonquille pour lequel il a remporté, à vingt et un ans, un premier prix. *« Il a fallu que je refasse le dessin devant huissier, afin que le jury soit certain qu'il était de moi. »* Boutonné sur le devant, long jusqu'au-dessous du genou, le manteau serait presque classique, sans ce jaune éclatant. L'audace vient du large décolleté dans le dos, qui lui donne une touche de sexy et de modernité.

Sept croquis ont été sélectionnés parmi les six mille envoyés de toute la France. Le jury, composé notamment des couturiers Pierre Balmain, Jacques Fath et Hubert de Givenchy, en a retenu trois dessinés par le second jeune homme, celui qui semble se cacher, bien qu'il soit au centre du petit groupe. Yves Mathieu-Saint-Laurent paraît efflanqué dans son costume sombre, avec ces grosses lunettes qui mangent son visage mince. *« Un air de petit curé »*, dira-t-on plus tard dans les ateliers Dior en le voyant arriver. Le jury a cependant été frappé par la créativité de ce garçon de dix-huit ans et lui a attribué deux prix : le premier et le troisième pour une robe de cocktail, un sinueux fourreau noir qui laisse une épaule dénudée.

L'année précédente, lors de la première édition du concours, un troisième prix avait déjà été décerné au jeune homme, alors que Christian Dior siégeait parmi les jurés. Autant dire que « Monsieur Mathieu-Saint-Laurent » a déjà été remarqué malgré son jeune âge. La journaliste Janie Samet, qui signait l'un de ses premiers papiers pour *L'Écho d'Oran* et a longuement interrogé ce jeune homme venu comme elle d'Algérie française, a noté sa timidité et cette formule énoncée d'une drôle de voix un peu traînante : *« L'élégance : c'est une robe trop éblouissante pour être portée deux fois… »*

C'est un de ces clins d'œil du destin : Saint Laurent et Lagerfeld ont été distingués en même temps… L'un venu des côtes lumineuses de la Méditerranée, l'autre des rives sombres de l'Elbe. Karl a eu tôt fait de repérer le talent d'Yves. Qui mieux que lui peut apprécier l'élégance du coup de crayon, le raffinement de la ligne, l'intelligence de la coupe ? De son côté, Yves raffole de l'humour de Karl, de son aisance et de son talent pour organiser des virées dans le coupé Mercedes qu'Otto a offert à son fils après sa réussite au concours. Plus tard, lorsque leur rivalité sera devenue légendaire, les clans de la mode feindront d'oublier qu'ils ont été amis. Mais pour l'heure, on les voit ensemble au Bar des Théâtres, avenue Montaigne, où ils travaillent presque l'un en face de l'autre, Yves chez Dior et Karl chez Balmain, à deux pas de la rue François-Ier.

Lagerfeld a été recruté chez Balmain comme assistant, parmi quatre autres chargés de « relever » les dessins du couturier. « *Horrible ! Des conditions de travail atroces pour des salaires de misère... La haute couture de l'époque, c'était humiliations et méchanceté !* » À son jeune apprenti, Balmain a demandé de dessiner la collection Florilège, « *un genre jolie madame pour la boutique, avec des petits spencers sur des jupes* », se souvient encore Lagerfeld, soixante ans plus tard.

Saint Laurent, lui, a plus de chance chez Dior. C'est la grande maison de couture du moment, la plus inventive et la plus désirable. Karl le sait bien, lui qui se souvient encore du choc de ce premier défilé à l'hôtel Esplanade de Hambourg. De toutes les façons, Yves était déjà une star parmi les élèves de l'école de la chambre syndicale de la couture parisienne où il a fait son apprentissage en même temps que Karl, sans partager toutefois ni la même classe ni les mêmes professeurs.

Ils sont à la fois si semblables et si différents, ces deux garçons qui vont bientôt bouleverser la mode et l'esthétique de leur époque. Enfants choyés, homosexuels tous deux, Saint Laurent comme Lagerfeld peuvent compter sur le soutien familial. « *Envoyez la facture à mon père* », combien de fois l'ont-ils dit l'un et l'autre, Yves chez les marchands de tissus où il habillait sa sœur, Karl chez Hilditch & Key où il a obtenu d'Otto Lagerfeld d'avoir un compte permanent. Charles Mathieu-Saint-Laurent s'est aussi chargé de présenter son fils à l'un de ses amis, Michel de Brunhoff, le rédacteur en chef de l'édition française de *Vogue*. Brunhoff, frappé par le talent du jeune homme, a montré ses dessins à Christian Dior, qui l'a engagé dès juin 1955.

Lucienne Mathieu-Saint-Laurent accompagne son fils partout. Elle a été charmante, dit-on, et est restée une de ces élégantes dont la couturière venait chaque semaine, dans la maison d'Oran, avec ses étoffes et ses patrons copiés sur les maisons de Parisiennes. Chaleureuse et démonstrative, elle est pleine d'excès. *« Ne fais pas ta pied-noir ! »* gronde parfois Yves lorsqu'elle exagère ses colères ou ses admirations.

Karl ne peut s'empêcher de voir en elle l'opposé de sa propre mère. La Prussienne Madame Lagerfeld a toujours dans l'œil et à la bouche de l'ironie. Pour soutenir la comparaison avec la chaleureuse Lucienne, Karl a pris l'habitude d'inventer à sa mère quelques traits d'esprit et un passé d'élégante. Il prétend qu'avant-guerre Elisabeth venait jusqu'à Paris s'habiller chez Madeleine Vionnet. Il ne pousse pas l'audace, cependant, jusqu'à lui faire rencontrer ses amis ou le milieu de la couture, comme Yves qui a présenté sa mère à Monsieur Dior.

Lucienne et Elisabeth ont plusieurs points communs. Et d'abord celui d'avoir protégé depuis l'enfance leurs fils dont elles ont compris très tôt l'homosexualité. Madame Lagerfeld avait choisi le déni rassurant. La mère d'Yves a balayé à sa façon les soupçons faisant de son fils *« une tapette »*. *« Mais non, il est comme les anges, c'est-à-dire qu'il n'a pas de sexe »*, dit-elle à la sœur d'Yves, Brigitte.

45

À Oran, les garçons noyaient sous les sarcasmes le jeune Mathieu-Saint-Laurent. Dans la campagne du Schleswig-Holstein, l'enfant Lagerfeld a au contraire appris à se distinguer des autres enfants qu'il regardait avec mépris. Mais l'un et l'autre ont vécu la solitude engendrée par la différence. Chacun à leur manière, leurs mères, envoûtantes présences, ont fait de leurs garçons des enfants rois.

En pénétrant chez Dior et chez Balmain, Saint Laurent et Lagerfeld ont signé leur entrée dans le monde du travail, de l'argent, du succès et aussi du romanesque. Ils n'affichent pas tout à fait la même ambition, cependant. Yves voudrait créer des robes d'exception, un rêve de robe. « *La mode est superficielle* », accepte volontiers Lagerfeld. Il aime s'adapter aux contraintes, travaille vite et sans relâche, avec un grand sens de ce que l'on n'appelle pas encore le « marketing ». Il sait bien que travailler pour Balmain est infiniment moins prestigieux que de dessiner pour Dior. « *Je voulais faire mon apprentissage* », assure-t-il cependant.

Yves paraît parfois raser les murs, parle en chuchotant, ne se départ de sa timidité qu'au sein d'un cercle d'intimes. « *Il est drôle et insensé, maigre, délié avec un nez très pointu* », assure Lagerfeld qui dessine volontiers son ami et ajoute à ses dessins des bulles pleines de drôlerie.

« *Karl a un visage romantique, des yeux noirs, des lèvres pleines et ourlées qui lui donnent un air boudeur au-dessus d'un menton carré et volontaire* », c'est ainsi que le décrit Victoire Doutreleau, mannequin-vedette chez Dior, dont Saint Laurent et Lagerfeld se disputent alors les faveurs, eux qui préfèrent les hommes. Et c'est vrai que Lagerfeld est d'une séduction particulière. Yves et Victoire adorent lorsque leur ami réinvente sous leurs yeux « *Monsieur Balmain* », rondouillard et chauve, avec sa petite moustache et ses manières snobs. « *Figurez-vous que sa mère est venue, un jour, à l'atelier et a lancé : "Si j'apprends que mon fils est homosexuel, je le tue !" Et une vieille princesse russe qui attendait pour un essayage a crié : "Feu !"* » On se tord de rire chez Lagerfeld et il n'est pas rare qu'après des heures à boire et à fumer – sauf Karl qui n'absorbe jamais une goutte d'alcool ni ne touche une cigarette –, les trois amis s'endorment sur le tapis du salon, au 31, rue de Tournon où Karl a emménagé dès ses premiers émoluments, dans l'immeuble où a vécu l'écrivaine Katherine Mansfield, dont Karl a lu la poésie et les romans. Demain, le jeune Allemand les déposera chez Dior dans sa décapotable couleur crème.

Chaque soir, ils recommencent. Chez Karl, ou chez Yves, qui s'est acheté un grand studio au rez-de-chaussée, square Pétrarque, dans le XVIe arrondissement, disposant un divan-lit de velours vert dans une alcôve de velours bleu. Puis on sort. Saint Laurent aime les complications sentimentales, les intrigues, la drague dans les bas-fonds. Karl se montre plus caustique vis-à-vis de ce fatras de midinettes. Il préfère de loin découvrir le dernier Miles Davis ou les motets d'Anton Bruckner plutôt que de fréquenter ces bars où Saint Laurent joue à se faire peur avec des mauvais garçons. « *Je n'ai rien à prouver et les propositions m'agacent* », dit-il en dédaignant Le Fiacre, cette petite boîte de la rue du Cherche-Midi où les hommes dansent ensemble le charleston : « *Il y a trop de folles.* » Quand, pris de vertige devant les gouffres sombres des lieux gays, Yves succombe au premier frôlement, Karl fait rire ses amis en assurant : « *Non merci, j'ai ce qu'il faut et je ne m'en sers pas.* »

Entre Yves et Karl, il y a parfois des moments d'intense rivalité. Victoire, cette ravissante brune piquante, en joue. Un jour, Karl lui offre un assortiment de dessins où elle apparaît dans des tenues qui retracent l'histoire de la mode, de la Belle Époque à la mode garçonne. Le lendemain, Yves lui dédicace le croquis d'un fourreau pour le soir : « *À celle qui porte si bien mes robes.* » Leur cercle, auquel s'est bientôt jointe Anne-Marie Poupard (qui deviendra ensuite Anne-Marie Muñoz), évolue dans une atmosphère délicieusement légère, avec ces week-ends à Deauville et ces dîners à la Closerie des Lilas.

À l'automne 1957 survient pourtant un événement qui creuse encore le fossé entre les deux amis. Christian Dior, parti suivre une de ses nombreuses cures d'amaigrissement à Montecatini, une station thermale toscane, meurt d'une crise cardiaque et la disparition si soudaine du couturier le plus en vue du moment crée un choc dans toute la France. Le deuxième choc va bientôt suivre : la maison a décidé de faire entrer au comité de direction le jeune Yves. Qu'un garçon de vingt et un ans prenne ainsi la suite de « Monsieur Dior », c'est un événement et une consécration. C'est aussi un moment d'intense angoisse et de folle créativité pour Saint Laurent qui a décidé d'abandonner « Mathieu » et d'alléger ainsi sa signature. En 1958,

Yves lance sa première collection, renouvelant la silhouette Dior et inaugurant sa ligne Trapèze. « *Je n'ai jamais vu une meilleure collection de Dior* », écrit la chroniqueuse de mode du *New York Herald Tribune*. Désormais, Yves Saint Laurent est célèbre.

Et Karl ? Depuis qu'Yves a pris son envol, les deux amis continuent de se croiser dans les mêmes restaurants de la Rive gauche mais leur relation est devenue imperceptiblement moins égalitaire. La gloire naissante de Saint Laurent éclipse ce jeune Allemand qui n'a encore rien inventé. Et puis, Yves est moins disponible. Un soir, la correspondante du *Harper's Bazaar* l'a convié en même temps qu'un couple en vue, le peintre Bernard Buffet et son compagnon Pierre Bergé. Yves admirait les tableaux de Buffet mais ce soir-là, il a été ébloui par l'érudition et l'humour de son mentor, cet homme de vingt-sept ans qui a fait de l'œuvre du peintre la plus cotée du moment. « *Un garçon étrange, timide, toujours serré dans des vestes étroites comme s'il voulait se protéger du monde* », a vu de son côté Bergé. « *Yves m'a fait penser à un séminariste, très sérieux, très nerveux* », écrira-t-il plus tard.

Le talent – le génie ? – de Saint Laurent ne fait pas de doute. Désormais, il peut aussi compter sur un partenaire doté de cette qualité dont il est lui-même totalement dépourvu : le sens des affaires. Avec Bergé, cet amant pygmalion, il a fondé sa propre maison et présenté en 1962 sa première collection de haute couture sous son nom. Et peu à peu, s'est éloigné de ses amis d'antan. Bergé semble toujours un peu jaloux de la complicité d'Yves avec Victoire, de ses éclats de rire aux bons mots de Karl. Ils continuent de se croiser mais Yves tutoie désormais la gloire quand Karl, après un passage chez Patou, continue de travailler pour d'autres.

Lagerfeld et Bergé pourraient s'entendre. Ne sont-ils pas plus cultivés, plus entreprenants que tous ceux qui les entourent ? Mais Bergé est sérieux, orgueilleux et souvent arrogant. Partout, il clame le génie de Saint Laurent et masque à peine son mépris pour les autres couturiers. Chaque fois qu'on évoque une éventuelle rivalité entre Yves et Karl, Bergé paraît balayer une incongruité : *« Ils ne jouent pas dans la même cour... »*

« En fait, tu seras un fournisseur », avait constaté avec sa rude franchise Elisabeth Lagerfeld, lorsque son fils est entré chez Balmain. Depuis, ce dernier affecte de se moquer de ces couturiers qui se prennent pour des artistes. Le jeune Allemand mesure pourtant mieux que personne l'élégance des robes, l'audace des smokings, la séduction de sahariennes réinventées par Saint Laurent. Longtemps, il a gardé au-dessus de sa cheminée un de ses dessins, un costume pour le théâtre signé *YSL*. La fluidité d'une jupe, la tenue d'un col, il en connaît les difficultés techniques et sait comment naissent les idées devant une table à dessin. Karl se sait plus cultivé, plus discipliné aussi que Saint Laurent. Mais il n'a pas le génie névrotique de son ami.

« Je n'étais pas jaloux », affirmera-t-il bien plus tard. Est-ce parce qu'il croit en son destin ? Un jour, Yves et Bergé l'accompagnent *« chez Madame Zirakian, une cartomancienne dans un entresol de la rue*

de Maubeuge ». Les deux autres entendent-ils ce que Karl assure avoir compris ? « *Elle a dit à Yves : "C'est bien, mais cela se terminera assez vite". Et à moi : "Ça commencera pour vous quand ça se terminera pour les autres"...* »

Le 4 juillet 1967, Otto Lagerfeld est mort, à quatre-vingt-sept ans. Ces dix dernières années, il avait enfin pris sa retraite, délaissé Hambourg et les brumes sur l'Elbe pour Baden-Baden, cette cité thermale très chic, au cœur de la Forêt-Noire.

Karl est-il affecté par cette disparition, lui qui continue de parler de son père avec froideur ? « Il portait toujours un chapeau, une canne, des costumes en fil-à-fil gris clair, ce que je déteste. Il ne me ressemblait pas du tout », voilà tout ce qu'il trouve à dire. Cette année-là, il a à peine évoqué sa mort auprès de ses amis.

Désormais, il va peu à peu procéder à son effacement, comme on gomme certains détails sur un dessin. À cette époque, il lui invente souvent d'autres origines, parfois même aristocratiques : « Mon père était suédois, il était baron », dit-il dans ses premières interviews. Cela évite d'avoir à répondre de son passé d'industriel allemand pendant la guerre. Lorsque Elisabeth Lagerfeld aura disparu à son tour, il réécrira son arrivée à Paris en 1952 « à l'âge de quatorze ans », accompagné de sa seule mère. C'est comme faire d'une pierre deux coups : se rajeunir de cinq années et recomposer un couple dont Otto aurait été éliminé.

Il racontera aussi qu'Elisabeth ne l'a informé de la mort de son père que trois semaines après son décès, en ajoutant : « De toute façon, tu n'aimes pas les enterrements. » Ce sera sa façon de ramener la disparition d'Otto au rang d'une anecdote. Comme l'ultime raffinement de son rêve œdipien.

4

Au volant de ses voitures chic – après la Mercedes offerte par son père, il s'est acheté une Bentley –, Karl Lagerfeld passe pour un dandy fortuné. C'est le cas, d'ailleurs. On le croit héritier d'une riche famille industrielle, mais la vérité est qu'il commence à bien gagner sa vie.

Chez Patou, où il a été nommé directeur artistique en 1959, il s'est ennuyé ferme à dessiner les deux collections annuelles d'une soixantaine de modèles. Sur les ateliers régnaient « Monsieur Gabriel », le portrait craché de Raimu, et « Madame Alphonsine », la star des premières. Avec son éternel pull gris, sa jupe de flanelle et sa boîte d'épingles, cette dernière n'a pas son pareil pour bâtir des toiles et tenir d'une main de fer les ouvrières. Si une robe tombe bien, elle répète toujours le même adage grossier : « *Ça tombe comme une merde du sixième* » et Karl s'est mis à l'imiter, répétant la phrase magique avec son accent de Hambourg. Mais enfin, il a appris son métier.

Le jeune homme peut maintenant crayonner en quelques minutes un croquis parfait où sont notés tous les détails techniques. Une carte géographique sur laquelle figureraient l'écueil d'un plissé, les pattes et les empiècements, voilà à quoi ressemblent ses dessins. Quel autre couturier a développé un tel sens de la précision ?

Désormais, il dessine pour toute une série de marques. Ce travail de création free-lance qu'il est le premier à assumer lui assure une remarquable aisance financière. Après la rue de Tournon, le jeune styliste a jeté son dévolu sur le 7, quai Voltaire. C'est un splendide immeuble chargé d'histoire. On raconte que la si séduisante pianiste Misia Sert y rencontrait Coco Chanel. Le marquis de Cuevas, grand chorégraphe d'origine chilienne, y loge au rez-de-chaussée et toute la journée défilent des danseurs du corps de ballet. Aux étages, vit la jeune Colombe Pringle, future journaliste et fille de la romancière Flora Groult, qui admire chaque jour la Bentley de Lagerfeld garée dans la cour pavée.

Yves et Pierre Bergé veulent faire de Saint Laurent une marque exclusive. Karl, au contraire, dessine des chaussures pour Charles Jourdan, des sacs pour l'Italien Krizia, des manteaux pour Max Mara, des lunettes et même des sous-vêtements pour une vingtaine de marques. Pourquoi ne cherche-t-il pas à créer sous son propre nom ? « *C'est un vieux truc qui me vient de Hambourg*, assure-t-il. *Et à Hambourg, contrairement à Oran, rien n'est moins chic que d'avoir son nom au-dessus de la porte. On peut être industriel, banquier, mais pas boutiquier.* » Boutiquier… Pierre Bergé doit avoir apprécié.

Avec son intelligence de l'époque, Karl Lagerfeld a vite compris que la haute couture ne peut que décliner, malgré une profession qui s'y accroche comme à un mantra. Pierre Cardin, qui a ouvert une boutique Homme en 1957 et présenté deux ans plus tard une collection de prêt-à-porter, a été exclu pour cinq ans par la chambre syndicale de la couture. Son succès, cependant, ne se dément pas. Les jeunes filles s'arrachent aussi la minijupe inventée par la Britannique Mary Quant. Les petites robes en jersey dessinées par Courrèges sont dans tous les magazines. Même les riches clientes ont envie de légèreté et d'un ensemble qui s'achète sur un coup de cœur sans attendre trois essayages.

Cela reste pourtant courageux, pour un garçon formé à la haute couture, de partir comme Karl vers le prêt-à-porter. Mais il a envie de succès rapide, d'argent, et d'incarner son époque.

En 1963, il tente une nouvelle aventure en proposant ses dessins à Gabrielle Aghion, qui a lancé avec Jacques Lenoir, son associé, Chloé, la première griffe de prêt-à-porter de luxe. Petite brune très ronde, issue d'une famille de la bourgeoisie égyptienne francophile et libérale, « Gaby » Aghion a imaginé ses premières robes chez elle, une douzaine d'années auparavant. C'est une femme drôle et énergique, suffisamment introduite dans la société pour savoir ce que les femmes élégantes désirent et assez travailleuse pour animer une entreprise. La presse, notamment la fondatrice de *Elle*, Hélène Lazareff, la soutient depuis ses débuts et, en 1956, sa première collection présentée au Café de Flore lui a valu des articles élogieux.

Avec le succès, elle a bientôt monté un petit atelier

d'une dizaine d'ouvrières et n'emploie que des stylistes travaillant en exclusivité pour sa marque. Normalement, elle devrait se détourner de Lagerfeld, ce mercenaire des marques qui affiche son snobisme quand elle fréquente – avec son mari communiste Raymond Aghion – le gratin du Parti. Mais il a su la séduire avec ses croquis si inventifs, notamment une robe en shantung beige dessinée avec des collants jaunes. Et puis, sa conversation si drôle, si érudite, enchante cette amie d'Éluard et d'Aragon. « *De tous les stylistes avec qui j'ai travaillé, Karl est le seul véritable intellectuel* », a-t-elle remarqué.

Lagerfeld se faisait souvent appeler « Roland Karl ». Désormais, il a abandonné ce patronyme français accolé à son nom et semble enfin s'épanouir sous ce prénom si court et si radical, tellement allemand et pourtant prononçable dans toutes les langues.

Gaby est une femme délicieuse et intelligente. L'après-midi, lorsqu'ils travaillent ensemble sur la grande table de l'atelier, le soir, lorsqu'ils rentrent dans la voiture de Gabrielle, les idées fusent. Les premiers temps, elle a un peu tordu le nez devant les propositions de Karl. « *Trop de frous-frous, trop de superpositions. Il faut alléger* », dit-elle. Mais Lagerfeld a vite appris, avec une inventivité et une productivité inconnues dans ses ateliers. « *Ma mère s'entendait très bien avec lui*, rapporte son fils l'économiste Philippe Aghion, aujourd'hui professeur au Collège de France. *Karl apportait ses idées, sa créativité, et elle triait dans ses dessins, le poussant à épurer. Bref, à supprimer ce "trop" qu'elle appelait sous cape "son côté allemand".* »

C'est une formidable association que ces deux-là. Dès 1966, Gaby a confié à Karl les rênes de la création. Il a trente-trois ans et dessine de main de maître de longues jupes, des blouses vaporeuses, des robes floues qui semblent à peine toucher les corps. À l'atelier, les ouvrières adorent ce styliste qui croque les vêtements avec tant de précision que l'on sait immédiatement où ceinturer une veste et choisir une manche kimono. *« On dirait qu'il a passé sa vie dans les ateliers »*, note Anita Briey, une petite couturière bourguignonne qui, après des débuts chez Chanel, vient d'entrer chez Chloé.

Lors des défilés, les mannequins peuvent choisir la tenue qu'elles porteront. Chez Balmain et chez Patou, régnait toujours une atmosphère un peu compassée et les clientes semblaient avoir cent vingt ans. La mode Chloé est follement gaie et légère. On ne parle plus d'élégance, ce mot qui semble peser le poids d'un code protocolaire. On dit *« chic »* et aussitôt la mode pétille. Le chiffre d'affaires de Chloé décolle. *« L'effet Karl »*, commencent à glisser les chroniqueuses de mode.

Sa réputation ne dépasse pas, cependant, le cercle des initiés. Un peu partout à Paris fleurissent d'autres « créateurs ». En 1965, Sonia Rykiel, après avoir testé une collection de petits pulls dont l'actrice américaine Audrey Hepburn s'est entichée, lance sa propre société sous son nom, à destination des femmes émancipées. Un an auparavant, Elie et Jacqueline Jacobson ont fondé Dorothée Bis qui capte la jeunesse. *« La haute couture est morte, je veux designer pour la rue... Une sorte de mode socialiste pour la masse populaire* », proclame Emmanuelle Khanh, dont les lunettes oversize apparaissent sur le nez de Catherine Deneuve ou de David Bowie.

Karl Lagerfeld pourrait suivre le même chemin, devenir à son tour un « créateur » qui vendrait ses robes sous son nom. Quel tour veut-il donner à sa carrière ? *« Je n'avais pas d'ambition »*, prétend-il. Polyglotte comme l'était son père, il s'est mis à travailler au Japon et en Italie. C'est là qu'on lui a parlé des sœurs Fendi qui, à Rome, cherchent un styliste pour les fourrures. Adele Fendi, leur mère, une matrone romaine, règne encore sur la boutique de la via Piave, devant la photo de ses cinq filles en robe de mariée. Mais les sœurs ont été séduites par Karl. Plusieurs semaines par an, le voilà qui s'installe piazza di Spagna à Rome, dans une des suites de l'hôtel Hassler dont il aime les ocres pompéiens et la proximité avec le palazzo Fendi.

Pour échapper un peu au regard de leur mère, les cinq sœurs ont installé leur salon, via Frattina, dans un ancien cinéma, *« un décor mi-Visconti, mi-bordel »*, s'amuse Karl. Lorsqu'il arrive, il a toujours les bras chargés de dessins. Il dessine encore d'autres modèles sur place, de longues pelisses à empièce-ments qui ressemblent à des capes ou de petits blou-sons de cuir et zibeline que les mannequins portent sur des jodhpurs en poulain. Il modernise le « look » des bourgeoises, taille dans les lourds manteaux de vison, invente jusqu'au sigle de la maison, un jour sur un coin de table. C'est devenu l'un de ses atouts : il produit vite, beaucoup et toujours des vêtements « vendeurs ».

S'il voulait, il pourrait faire une carrière éclatante à l'étranger. Ce serait pourtant renoncer à rivaliser avec Saint Laurent et c'est pour relever ce défi que Karl reste en France. À Paris, le prince Yves s'est mis lui aussi, dès 1966, au prêt-à-porter et règne sur les nouveaux canons de la mode ainsi que sur une petite cour admirative. Le jeune homme timide et fiévreux a changé avec le succès. Autour de lui, se retrouvent chaque soir une demi-douzaine de jeunes gens beaux et un peu décadents qui viennent place Vauban, où il a emménagé avec Bergé, s'enivrer d'alcool et s'étourdir dans la fumée du kif marocain. La silhouette blonde et longiligne de Betty Catroux danse dans la pénombre, Loulou de la Falaise rit dans la cuisine, l'une ne travaille pas mais l'inspire, l'autre ne cesse d'inventer les accessoires qui accompagneront ses smokings et ses blouses transparentes qui font de la femme Saint Laurent un savant mélange de puissance et d'érotisme.

Pierre Bergé est fasciné par l'aristocratie, ces familles à particule qui plongent leurs racines dans la France d'autrefois et reçoivent encore dans leurs châteaux et leurs hôtels particuliers. Il n'est pas rare qu'Yves consente à dîner avec lui chez une baronne qui met un point d'honneur à porter son tailleur Saint Laurent, avant que le couple coure terminer la soirée dans les petites boîtes gays qui commencent à fleurir à Paris. Être adoubé par le clan Saint Laurent, si follement snob, est devenu le rêve de tous les dandys de la capitale. Autant dire que les grandes grèves et les manifs de Mai 68 ont à peine effleuré ces jeunes gens qui pratiquent déjà la liberté sexuelle et les slogans dadaïstes.

Karl Lagerfeld peut bien s'être acheté une Rolls, il est plus accessible, moins élitiste, au fond. Peu à peu, le jeune homme fébrile des débuts s'est mis à la musculation, dans une salle de la rue Sainte-Anne où s'entraînent des gigolos. À la piscine Deligny, son corps superbe, sculpté par le culturisme et moulé dans un maillot de bain des années 30, fait sensation quand il déambule en mules à talons sur les planches. On l'imagine fils excentrique d'une famille d'aristocrates allemands – ou suédois, ou encore danois, selon le flou qu'il entretient sur son père – parce qu'il raconte toujours des histoires de châteaux et paye généreusement les dîners chez Lipp. En vérité, le « *milk rich* », comme l'appellent ceux qui le croient héritier direct des laits concentrés Nestlé, travaille comme un fou.

Lui aussi a sa coterie. Le « groupe de Karl », comme on dit désormais pour le distinguer du « clan Saint Laurent », est plus international et on y parle en anglais, cette langue qu'Yves doit se faire traduire par son amie Loulou de la Falaise. Moustaches noires sexy, anneau d'or à l'oreille, santiags mexicaines, Antonio Lopez et Juan Ramos en sont les piliers depuis leur arrivée à Paris, en 1969. Le premier est un illustrateur de grand talent, le second son directeur artistique et son ancien amant. C'est peu dire que Karl Lagerfeld a été vampé par ces deux Portoricains débarqués de New York. « *C'était un air frais venu d'Amérique dans un milieu confiné, trop régional* », dit-il.

Ils sont drôles, créatifs, et recherchent la beauté

jusqu'à l'obsession. « *Antonio voulait que tout le monde soit beau,* note Lagerfeld. *Parfois trop beau. Dans ses dessins, il refusait de reproduire les imperfections de ses modèles.* » Karl a tout de suite vu ce qu'il pourrait apprendre d'Antonio Lopez dont il admire sincèrement le remarquable génie du dessin. Juan et Antonio paraissent avoir une avance considérable sur ceux de la vieille Europe. Ils ont la culture mais se sont affranchis des règles. Lopez possède une immense connaissance de l'histoire de l'art et une formidable capacité à mêler le chromatisme du quattrocento florentin, ses orange, ses verts amande, ses oppositions de chaud et de froid, avec le sexy plus criard des « queers » de Harlem. Il travaille pour la pub, pour la mode, pour les magazines, pour lui-même, avec une absence totale de respect des conventions.

Juan entraîne Karl presque chaque matin à la librairie La Hune, à deux pas du Café de Flore, pour une razzia de livres. Photos, peintures, croquis d'architecture, bandes dessinées, essais signés de jeunes illustrateurs new-yorkais avec lesquels il a travaillé, il rafle tout. Ramos découpe ensuite les pages, réalise des collages, recrée des associations et initie son ami allemand à ce merveilleux pillage à travers les siècles et les continents qui nourrissent son inspiration. À leurs côtés, Karl n'imagine plus seulement des robes, il construit une esthétique globale. Toujours, il a beaucoup lu. Il complète cependant sa bibliothèque visuelle. En somme, il apprend à devenir bien plus qu'un couturier : un inventeur de ce que, plus tard, on appellera plus prosaïquement l'« univers d'une marque ».

Dans le sillage d'Antonio et Juan ont débarqué des États-Unis de nouveaux visages. Corey Tippin, d'abord, un superbe apprenti mannequin de dix-huit ans aux cheveux peroxydés qui cherche sans cesse l'aventure et l'amusement. Puis Pat Cleveland, la première métisse à défiler sur les podiums, et une jolie fille aux dents du bonheur, Donna Jordan, qui attire les regards en chaloupant sur des talons trop hauts.

La petite bande croyait arriver dans la Ville lumière, et ils ont trouvé Paris terne, sale et morne. « *Nous pensions grimper au sommet de la folie et de la beauté, mais c'était tout le contraire,* remarque aujourd'hui Corey Tippin. *La pop culture n'avait pas encore franchi l'Atlantique et la ville était éteinte et coincée.* » À New York, Noirs et Portoricains secouent la culture plus traditionnelle. En France, Mai 68 a brisé le carcan des conventions bourgeoises, mais la société ignore encore les minorités, les différences, les trouble-fêtes. Le petit groupe des Américains a été ébahi lors de son premier défilé. À Paris, cette capitale de la mode, les mannequins des maisons de haute couture passent en silence, sans musique, tenant à la main un petit carton où figure le numéro de leur tenue. C'est comme si le rock et le vent de libération qui secoue la jeunesse n'avaient pas encore accès aux podiums. « Glamour », ce mot que répètent sans cesse Pat et Donna, ne circule pas encore sur les rives de la Seine.

Depuis, Lagerfeld voit sa cité d'adoption à travers leurs yeux et aspire à autre chose : « *C'était un air frais dans un milieu confiné, trop régional... »*

« *Régional* », la grande peur de cet homme qui, en changeant de pays, a ouvert ses propres frontières.

Le soir, quand ils dînent ensemble à Saint-Germain-des-Prés, il souffle sur la table un vent de séduction et de modernité. « *Juan était le plus exubérant, Antonio le plus créatif,* remarque Florentine Pabst, une journaliste de Hambourg qui fait leur connaissance dans ces années 70, *mais c'est Karl qui restait au centre, parce qu'il était le plus intelligent.* » La jeune femme a déjà entendu parler de Lagerfeld, quelques années plus tôt, en découvrant sa collection dessinée pour Charles Jourdan. Mais elle a été frappée par sa culture et cet allemand sophistiqué et littéraire qu'il a aussitôt pratiqué avec elle, par-dessus la tête des autres. Elle n'imaginait pas plus l'existence d'un groupe aussi inventif et bohème que celui qui tourbillonne autour de Karl. « *Ils se prennent pour des artistes au meilleur sens du terme,* découvre-t-elle. *Ils font les choses avec une forme d'innocence et d'engagement, gratuitement.* »

Si l'on dit le « groupe de Karl », c'est aussi que Lagerfeld entretient généreusement cette petite coterie. Il loue pour Antonio et Juan un studio rue Bonaparte et bientôt un appartement boulevard Saint-Germain, paye les restaurants, distribue chemises, robes et cadeaux somptueux. Corey s'est inscrit dans plusieurs agences de mannequins mais il court le cachet, jusqu'à ce qu'Antonio lui suggère de devenir maquilleur. Pat Cleveland et Donna Jordan font des photos, mais elles claquent tout en robes vintage et en soirées. « *Karl est devenu notre sponsor* », reconnaît Corey.

Karl a encore déménagé, cette fois pour un vaste appartement au premier étage d'un hôtel particulier, 35, rue de l'Université. Il l'a entièrement décoré de meubles Dunand et d'objets précieux en laque. C'est là qu'il donne des dîners somptueux qui émerveillent les Américains.

L'été, il loue une maison à Saint-Tropez où il convie le petit groupe. Antonio et Juan s'amusent beaucoup à voir leur ami exhiber sa musculature au bord de la piscine mais se retirer prudemment dès qu'il s'agit de flirter. Eux sont facilement déchaînés lorsqu'il est question de draguer les garçons. Corey, qui a été go-go dancer à New York, chaloupe avec provocation devant la table réservée par Karl dans les boîtes à la mode. Mais Lagerfeld semble plus voyeur qu'acteur véritable. Ce cercle d'affidés l'amuse et le nourrit bien mieux qu'une collection d'amants. Il lui manque encore, toutefois, cette aura à laquelle il aspire, une distinction particulière, la marque qu'il est bien le meilleur élève de son époque.

Après la mort d'Otto, Karl a fait venir Elisabeth Lagerfeld et la loge chez lui, dans une chambre au fond de son appartement. C'est une curiosité, ce fils qui vit avec sa mère de soixante-treize ans. La tribu des New-Yorkais ne sait jamais sur quel pied danser lorsqu'elle paraît à l'heure du thé, habillée par son fils d'un pantalon fluide et d'une blouse de soie qu'il a dessinés. Elle a le regard de Karl, encadré de cheveux blancs, et presque le même accent lorsqu'elle parle français. Antonio l'a dessinée, une ou deux fois, à demi allongée sur son sofa, en train de lire la presse allemande.

L'été, c'est avec « Mutti », comme ils disent pour rire, que Corey et Juan descendent en train jusqu'à Saint-Tropez, et il faut bien se tenir face à cette dame aimable et un peu raide que son fils dépeint toujours en statue du Commandeur.

Madame Lagerfeld a le sens des convenances quand les Américains n'ont aucune règle. La dernière fois qu'ils ont fait ensemble le trajet vers la Côte d'Azur, Corey a été subjugué de la voir, au wagon-restaurant, lui glisser sous la table les billets nécessaires pour qu'il règle le déjeuner.

Lagerfeld, ses manies, son érudition, son argent, sa mère, tout cela a commencé à nourrir une légende. On dit qu'elle le surveille, qu'il rentre tôt pour lui plaire, qu'il tient sa discipline de l'éducation de cette douairière, mais en vérité leur couple est bien plus équilibré. Antonio, Juan et Corey ont tout de suite su qu'Andy allait l'adorer.

5

Les New-Yorkais vivent dans un état d'excitation permanent depuis qu'ils ont appris la venue d'Andy Warhol à Paris, au mois d'octobre 1970. Antonio et Juan, mais aussi Corey et Donna, étaient de la jeunesse branchée qui, au 33rd Union Square, fréquentait la Factory, cet atelier installé au cœur de Manhattan où le maître du pop art produit ses sérigraphies. Ils savent bien comme il fera sensation en France. Avec sa perruque argentée dont on voit à dix pas les cheveux synthétiques, ses sourcils décolorés à l'eau oxygénée et ce petit magnétophone dans la poche de son blazer, la star de l'underground suscite partout une frénésie de fêtes et de happenings.

Warhol est pourtant déroutant. Il parle peu, ponctuant seulement la conversation des autres de « *Gee !* » (Ça alors !) lâchés d'une petite voix aiguë. Entouré d'une cour de jolis garçons, il observe tout de son air myope et marche avec raideur. Deux ans auparavant, une militante féministe a vidé sur lui le chargeur d'un pistolet, dans le hall de la Factory. Depuis, il est obligé de porter un corset. « *J'ai plus de coutures qu'une robe Dior* », a-t-il déclaré, pince-sans-rire, en débarquant à Orly.

Les milieux de la mode et de l'art parisiens trouvent Warhol chic en diable et subversif. On se l'arrache dans les dîners. Son allure kitsch a fait sensation parmi les smokings, lors de la soirée que Marie-Hélène de Rothschild a donnée tout spécialement en son honneur. Depuis quelques années, ses *Campbell's Soup Cans* et ses séries sur des vedettes américaines, comme Marilyn Monroe, l'ont placé à l'avant-garde des mouvements artistiques. Il n'est pas encore tout à fait consacré par l'art contemporain, mais ses aphorismes aimantent les journalistes. Très préparés en coulisses, ils lui ont taillé la réputation d'un esprit profond et incisif. Connaître « Andy », c'est l'assurance de voir s'ouvrir devant soi les salons et les groupes les plus élitistes. Et justement, la « bande de Karl » est très bien placée pour le fréquenter.

Si l'artiste est à Paris, c'est qu'il veut y tourner *L'Amour,* un long métrage dont il a coécrit le scénario avec Paul Morrissey, un New-Yorkais d'origine irlandaise devenu l'une des figures du cinéma underground. Les premiers films de Warhol étaient souvent expérimentaux, dupliquant à la manière de ses toiles un même motif, comme dans *Sleep,* où l'on voit le poète américain John Giorno dormir pendant cinq heures et vingt et une minutes.

Cette fois, il a promis une histoire : deux filles de l'Amérique profonde débarquent à Paris à la recherche d'un riche mari. *Gold Diggers 71* (« Croqueuses de diamants 71 »), c'est le nom de code du script. Tout ce que la mode compte de beautés audacieuses espère y jouer un petit rôle. Le tournage doit avoir lieu au Sept, le lieu le plus chic du moment, situé 7, rue Sainte-Anne. C'est un restaurant glamour, que ceux qui sont recalés à l'entrée appellent pour se venger « le Maxim's des folles ». Tous les soirs, s'y presse une foule de mannequins et d'intellos, dont le sémiologue Roland Barthes et Michel Guy, qui deviendra bientôt le ministre de la Culture de Valéry Giscard d'Estaing.

Fabrice Emaer, le propriétaire des lieux, qui accueille chaque soir ses invités d'un « *Bonjour, bébé d'amour* », est enchanté à l'idée d'y recevoir Warhol. Deux ans plus tôt, comme l'artiste américain, lui aussi a été blessé lorsqu'un voyou a surgi chez lui un soir, et a vidé le chargeur de son revolver pour rafler la recette du samedi soir. Autant dire qu'il plane sur *L'Amour* une électrisante atmosphère de danger.

La bande des New-Yorkais se doute bien qu'elle tient une occasion de briller. « *Dès qu'il l'a vu, Andy a voulu avoir Karl dans son film*, se souvient Corey Tippin. *Je crois que tout lui plaisait. Le côté sexy de Karl, sa culture, mais aussi son kitsch et sa drôlerie.* » C'est lui qui, chargé de tenir un petit rôle dans *L'Amour,* a organisé la rencontre.

Aux États-Unis, Warhol n'a jamais entendu parler de Karl Lagerfeld. Yves Saint Laurent, oui, il connaît. Depuis déjà quelques années, la presse new-yorkaise l'a sacré « *King of fashion* ». L'élégance de ses robes, l'audace de ses smokings portés par Catherine Deneuve, l'actrice française la plus connue à l'étranger, la séduction de ses sahariennes ont valu à Saint Laurent un succès mondial. À trente-sept ans, Karl, lui, n'a encore rien révolutionné.

Seulement, Warhol est en repérage pour son futur tournage et dès qu'Antonio, Juan et Corey, au comble de l'excitation, lui en ont parlé, Lagerfeld a proposé son appartement, au 35, rue de l'Université, pour filmer quelques scènes. Une table de Dunand en laque, des meubles Fontana et des Lalanne, Warhol a tout de suite adoré la décoration Art déco. C'est Andrée Putman, rencontrée en 1968, qui a conseillé Karl pour les meubles. Putman n'est encore qu'une styliste, pour Prisunic d'abord puis pour l'agence Mafia, mais elle a épousé le collectionneur, éditeur et critique d'art Jacques Putman, avec qui elle fréquente des artistes comme Pierre Alechinsky, Bram Van Velde, Alberto Giacometti ou Niki de Saint Phalle. Cette grande femme blonde, au maintien un peu raide, n'a pas son pareil pour dénicher les talents et acheter des meubles ou des œuvres d'art dans les ventes aux enchères de Paris ou New York. La collection de Karl a pris tournure en partie grâce à elle et il lui doit les plus belles pièces de son appartement.

L'endroit est somptueux et Lagerfeld a tout de suite su lui donner un attrait supplémentaire en déclarant partout qu'il y avait un fantôme : « *L'immeuble est maudit.* » Comment Warhol pourrait-il résister à un décor pareil ?

Comme prévu, l'Américain a aussi été très sensible à la présence de Madame Lagerfeld. À quarante-deux ans, lui-même abrite sa mère, à l'entresol de sa maison new-yorkaise, sur Lexington Avenue. Il a eu immédiatement un sentiment de familiarité en entendant

Elisabeth parler l'anglais avec cette pointe d'accent allemand qui sonne presque comme les inflexions de slovaque de Julia Warhola, même si cette dernière n'a jamais vraiment appris l'américain, bien qu'elle ait émigré aux États-Unis en 1921.

Andy adore sa mère, avec laquelle il a vécu une sorte de tête-à-tête dès l'âge de quatorze ans, après la mort de son père. Bien sûr, Julia n'a pas l'élégance d'Elisabeth Lagerfeld. Elle vient d'un milieu bien plus populaire et son fils a parfois honte de ses manières campagnardes. Mais toute son enfance, lorsqu'il était un gamin souffreteux et souvent alité, elle l'a soigné avec une abnégation et un amour infinis. Depuis, il entretient avec elle une relation à la fois passionnelle et utilitaire. C'est elle qui nourrit ses innombrables chats, découpe des magazines à son intention, dessine même pour des petits livres qu'ils signent à deux. *« Je suis un fils à maman »*, dit souvent Warhol.

Jamais Lagerfeld n'userait d'une pareille expression. Elisabeth est restée bien trop prussienne pour permettre à son fils un tel abandon. Lorsqu'on lui a présenté l'artiste américain, elle a tout de suite su orienter la conversation sur New York et Paris, a proposé du thé et a à peine levé un sourcil devant la petite bande qui s'apprêtait à investir l'appartement pour le tournage. Warhol, qui n'aime rien tant que les mondanités, en a été très impressionné. Mais c'est Karl en personne qui plaît à Andy. Il le trouve *« flamboyant, bien habillé et musclé »,* rapporte Corey Tippin.

Andy Warhol et Karl Lagerfeld, c'est la rencontre d'un monstre médiatique avec un personnage en devenir. Reprenant son scénario, Andy Warhol a aussitôt écrit pour Lagerfeld un rôle sur mesure : celui d'un aristocrate allemand que les deux coureuses de mari cherchent à séduire. Les intrigantes seront interprétées par Donna Jordan, la fille aux dents du bonheur qui fait toujours les quatre cents coups avec Corey Tippin, et Jane Forth, une jeune beauté diaphane aux sourcils totalement épilés.

Il y a entre l'artiste américain et le couturier français des proximités inattendues. Ils aiment tous deux l'art et le cinéma. Karl fait merveille au pays de Warhol. Sa conversation est brillante, il peut passer dans un anglais parfait d'une plaisanterie un peu leste à une fine analyse de *Nosferatu*, ce chef-d'œuvre de Murnau dont il possède une copie. Il alterne calembours et citations littéraires, et sait comment déployer tous les ressorts de sa séduction pour éblouir ce New-Yorkais que tout Paris cherche à attirer.

Autour d'eux, la petite bande d'acteurs amateurs est chahuteuse. Sexe, drogue et rock'n'roll, Jane, Corey, Donna et les autres flirtent et se défoncent tous les soirs, dorment jusqu'en début d'après-midi, travaillent quand ça leur chante ou quand ils n'ont plus un sou. Andy et Karl se tiennent à bonne distance des pilules d'amphétamines servies dans des coupes comme des bonbons. *« Je n'aime pas l'alcool, je n'aime pas la drogue, je n'ai jamais été un obsédé sexuel »,* affirme Lagerfeld, qui ne boit que du Coca-Cola.

Warhol adore s'entourer de beaux garçons, mais il est complexé par son physique et les cicatrices laissées par les multiples opérations liées à son agression. Provocateur, il peut poser des questions crues à une femme sur le sexe de son mari et, lorsqu'un jeune homme lui plaît, jouer les adolescents timides et amoureux. C'est un voyeur qui préfère filmer les gens sous leur nez et, mieux encore, les enregistrer avec ce petit magnétophone qui ne le quitte pas.

Lagerfeld n'est pas plus entreprenant. Il n'a pas cependant cette bizarrerie névrotique de Warhol, cette façon de paraître asocial tout en adorant les dîners mondains dont il racontera plus tard chaque détail dans ses journaux. Il ne s'est pas dérobé, pourtant, lorsque avec malice ce voyeur d'Andy poussé par Paul Morrissey a prévu une scène de baiser entre Karl et Patti D'Arbanville, l'actrice et mannequin qui vient d'inspirer à son petit ami Cat Stevens une chanson portant son nom. Derrière la caméra, il a demandé que l'on refasse la scène plusieurs fois. « *Il a un côté pousse-au-crime que je n'ai pas* », s'amuse Lagerfeld. Ce baiser vorace sera, lorsque le film aura été oublié, le seul souvenir de ce moment.

Car *L'Amour* est loin d'être un chef-d'œuvre. À sa sortie, il est étrillé, sauf par le critique cinéma du *Monde*, qui le compare (trop) aimablement à un film d'Éric Rohmer... À l'écran, l'image tressaute et les acteurs jouent comme des pieds, mais Karl Lagerfeld s'en sort plutôt bien. En chemise de soie, jean blanc et gros ceinturon, il glisse dans cette improbable histoire avec naturel, quand les mannequins recrutés par Warhol ânonnent leur texte. La presse le mentionne à peine cependant : il est inconnu du grand public.

Il est impossible de laisser Karl et les Américains accaparer seuls le chantre du pop art. Tout Paris bruit des sorties de la petite bande, de leur glamour incomparable, du succès de leurs inventions provocantes. Lagerfeld ne peut pas être le seul à profiter de l'aura qui entoure l'arrivée en Europe de la contre-culture. Saint Laurent est le vrai prince de la mode et il ne peut se laisser détrôner. Pierre Bergé, en tout cas, ne veut pas laisser faire.

« *Un soir, Yves et Pierre ont donc donné chez eux une fête en l'honneur d'Andy* », se souvient Corey Tippin. Une de ces soirées auxquelles tout le monde de la mode veut être invité. Même les amis de Karl se damneraient pour en être. Quelques jours auparavant, Corey et Donna Jordan ont croisé Saint Laurent et son mentor à La Coupole, boulevard du Montparnasse. Karl n'était pas là. Tant pis pour cette petite trahison à l'égard de celui qui les entretient, ils ont obtenu d'être de la fête.

Yves n'a encore jamais rencontré le peintre américain. Pour l'occasion, il a rassemblé place Vauban tout son clan. Helmut Berger en est, beau et décadent comme dans *Les Damnés*, ce film de Visconti dont la sortie en salle l'année précédente a frappé les esprits, avec son orgie d'officiers nazis avant la Nuit des longs couteaux. Avec ses cheveux blondis à l'eau oxygénée, on pourrait croire que, comme son personnage, il va resurgir en Marlene, jarretelles et haut-de-forme pour chanter en allemand, sa langue maternelle. Pour l'heure, il fume de l'opium avec Omar Sharif, la star de *Lawrence d'Arabie* et du *Docteur Jivago*. Dans un salon, une télévision diffuse des pornos. « *Il régnait une atmosphère d'excitation déjantée* », note Corey, déchaîné d'être enfin parmi les élus de cette coterie si recherchée. Donna Jordan joue les enfants mal élevés, tout le monde court après le chien d'Yves, les invités boivent trop, la drogue circule, Patti D'Arbanville se bat avec Donna, bref, la soirée est un triomphe. Toute l'équipe de *L'Amour* parade autour de Saint Laurent. Le seul absent est Karl Lagerfeld.

Warhol sait susciter le désir. À chacune de ses visites parisiennes, il loge chez la comtesse Brandolini, belle-sœur de Gianni Agnelli, et laisse son manager, Fred Hughes, vendre aux riches familles leur portrait. Le soir, il sort. *« Dès qu'il franchissait la porte d'une boîte, même bondée, on lui faisait une place ainsi qu'à sa cour. Sa seule présence était le gage d'une soirée réussie »*, note le photographe Philippe Morillon, qui travaillera bientôt dans son sillage. *« Il est ennuyeux et n'a aucune conversation »*, reconnaît Pierre Bergé, qui l'a invité plusieurs fois à sa table. Moyennant quoi, il lui a commandé le portrait d'Yves Saint Laurent sérigraphié pour 25 000 francs.

Karl Lagerfeld, lui, n'a jamais été peint par celui qu'on qualifiera plus tard de *« brillant miroir de notre époque »*. Mais c'est sans doute lui qui en a le mieux retenu les leçons.

Karl a été aux premières loges pour observer le savoir-faire warholien. Sa façon de détourner les images et de subvertir les conventions. Son sens de ce que l'on n'appelle pas encore la communication.

Désormais, le couturier a entrepris d'enrichir son personnage. Il s'est mis à distribuer des aphorismes comme Andy, qui publie régulièrement les siens sous forme de petits livres. Comme lui, il s'est cherché des accessoires qui le rendraient immédiatement reconnaissable. Warhol a sa perruque peroxydée, Lagerfeld inaugure sa nouvelle panoplie d'un grand éventail en soie peinte, acheté lors d'un voyage au Japon. Il porte aussi un monocle qui le fait ressembler à un baron du début du siècle. Bientôt, il se laissera pousser les cheveux pour les nouer en catogan.

Même son accent allemand a été cultivé. Dans les années 60, ses premières interviews à la radio en témoignent, il était bien moins prononcé. Mais il s'est mis à parler plus vite, amplifiant ainsi ce staccato qui l'identifie dès la première mesure. Désormais, on l'invite volontiers sur les plateaux de télévision où son allure fait chaque fois sensation. À Rome, où il venait dessiner la collection Fendi, il est un jour témoin d'un accident. La tête des policiers lorsqu'il vient faire sa déposition, un chapeau Cerruti posé sur ses cheveux longs, une cape en renard sur un costume porté avec une lavallière et des souliers vernis ! On admire, on se moque, qu'importe, on le remarque, c'est l'essentiel. « Ne fais pas attention à ce que l'on écrit sur toi, lui a dit Warhol. Contente-toi de le mesurer. »

6

Karl Lagerfeld n'est pas encore mondialement connu, mais son aventure warholienne lui a donné l'aura qui lui manquait dans le monde de la mode. Ses robes dessinées pour Chloé ont toujours été à la fois sublimes et commerciales, mais on l'envisage désormais comme une sorte d'aristocrate de l'underground. Il en joue, d'ailleurs. Toujours, il laisse planer le doute sur ses origines : est-il suédois, est-il le fils d'un baron de Westphalie ? Ces petits mensonges circulent suffisamment dans les magazines pour qu'il les ait inspirés. Mais enfin, après le succès vient cette célébrité qui suscite le désir et l'envie.

Au Sept, lorsqu'il vient dîner avec sa petite bande, sa table est dorénavant presque aussi regardée que celle de Saint Laurent au milieu de son clan, ou que celle réservée à Andy Warhol. Il faut dire que le look des filles et des garçons qui gravitent autour de Karl est chaque soir plus spectaculaire. Ils sont maquillés outrageusement, chavirent sur des chaussures à plateforme, insouciants comme de jeunes immortels. Certains soirs, lorsque le champagne et l'excitation coulent à flots, Donna Jordan danse sur les tables et l'on ne voit plus, sous sa chevelure platine et son visage pâle aux sourcils totalement épilés, que son corps merveilleux qui tangue.

Dans le sillage d'Antonio Lopez, naviguent toujours des mannequins sublimes. Jerry Hall, une longue biche blonde de quinze ans, a dépensé le montant de la prime d'assurance qu'on lui avait versée après un accident de voiture pour venir à Paris et ne laisserait personne l'empêcher de s'amuser. Elle fait des photos le jour, danse la nuit et partage son appartement avec une grande fille athlétique et noire de dix-huit ans, Grace Jones, et une autre blonde à la douceur diaphane qui rêve d'être actrice, Jessica Lange. Juan Ramos a un nouvel amant, Paul Caranicas, un peintre américain d'origine grecque qui dessine sans cesse, au pastel ou à l'aquarelle, des nus d'hommes provocants. Lorsqu'il n'est pas complètement défoncé – alcool et hypnotiques mélangés –, Corey est de moins en moins mannequin et de plus en plus maquilleur sur des shootings. C'est lui qui, avant de sortir, peinturlure toutes les filles – et les garçons aussi – dans la minuscule salle de bains de leur appartement avant que le groupe fonde sur les boîtes de nuit du moment.

Bien sûr, le clan Saint Laurent est plus chic, plus attirant. Autour de Loulou de la Falaise et Betty Catroux, se mêle toute une faune élégante, l'acteur Pascal Greggory et le photographe François-Marie Banier, la fidèle Anne-Marie Muñoz dont le fils est aussi le filleul de Karl, le décorateur Jacques Grange, Clara Saint et Thadée Klossowski. Pierre Bergé régente son petit monde, et Saint Laurent, avec sa fragilité névrotique, aimante tous les regards. On croise certains « outsiders », comme le Japonais Kenzo, qui s'apprête à ouvrir une deuxième boutique à Paris, et s'amuse lui aussi, autant avec sa mode fleurie que sur la piste de danse, au sous-sol, où tout le monde descend après minuit. Mais le groupe de Lagerfeld paraît toujours prêt à basculer dans l'aventure la plus folle avec ces filles, vêtues de robes insensées prêtées par Karl pour subjuguer tout le monde. Au Sept, lorsque les deux couturiers dînent avec leurs coteries, à deux tables voisines, il y a toujours une atmosphère d'excitation joyeuse et de sexualité diffuse.

Le décor y est pour beaucoup. De l'extérieur, le Sept n'a l'air de rien, une petite porte noire sans attrait. Il faut sonner jusqu'à ce que le « physio », un type à moustache, vous ouvre. Côté boîte, un long couloir avec des banquettes, quelques coursives, une cabine de DJ et le bar, où ne peuvent entrer que cent personnes. « *Mais la grande idée, c'était les néons*, raconte le designer Vincent Darré. *Ils en avaient accroché au plafond, de couleurs différentes : jaune, rose, violet, vert, qui s'allumaient en alternance au rythme de la musique. Dans cette boîte de néons et de miroirs, tout se reflétait, ce qui, mélangé à la disco que jouait Guy Cuevas, finissait très vite par te rendre fou, avec un très fort effet de vertige... »*

Il peut arriver qu'un soir Loulou de la Falaise et les mannequins de Saint Laurent, de Kenzo et de Lagerfeld se retrouvent toutes juchées sur les tables minuscules pour danser, les jupes relevées, sur la musique de la pub Dim « Papapapapapam... », dans laquelle plusieurs des filles ont tourné. Il est rare, cependant, de passer d'un groupe à l'autre. Ce n'est pas un interdit explicite, mais gare à celui qui s'y risque : les deux couturiers pratiquent une exclusivité non dite.

En se rendant à la fête donnée chez le couple Saint Laurent-Bergé en l'honneur de Warhol, Corey et Donna se sont rendus coupables d'une trahison, qu'ils dissimulent soigneusement. Karl et Yves peuvent se saluer comme avant, et même parfois rire ensemble, mais leurs affidés sont censés rester chacun chez soi. « *La faute à Pierre Bergé* », s'agace Lagerfeld qui accuse l'homme d'affaires d'avoir enfermé son amant couturier. Il supporte mal son arrogance et sa morgue et cette façon de porter aux nues Saint Laurent comme s'il l'avait fabriqué. « *Ce n'est pas lui qui a le talent...* », glisse Karl dès qu'il entend l'autre pérorer à la table voisine.

Seules quelques personnes font exception et fréquentent l'un et l'autre clans. Paloma, la fille de Picasso et Françoise Gilot, a fait son entrée dans leur monde à vingt ans, avec sa beauté espagnole, sa bouche sang et son héritage potentiellement mirobolant, et il est clair qu'elle a tous les droits. Derrière son Nikon, Helmut Newton a le même privilège.

Il est le photographe le plus en vue dans le milieu de la mode. Tous les mannequins du moment font des pieds et des mains pour poser dans ses compositions stylisées, toujours marquées d'un érotisme ironique et sombre. Comme Karl, Helmut était allemand, mais ses origines juives l'ont poussé à fuir Berlin en 1938 lorsqu'il avait dix-huit ans. Il y a laissé son père, dépossédé de son entreprise par les lois aryennes, et qu'il n'a jamais revu. Depuis, il a pris la nationalité australienne, et cela l'intrigue de voir comment le couturier s'arrange avec son passé.

Lui aussi jongle avec cette Allemagne maudite des années 30, dont il manie sans cesse les codes et l'esthétique sadomasochiste. Dès 1961, il a photographié pour *Vogue* le smoking Saint Laurent sur une fille androgyne aux cheveux courts qui ressemblait à un dandy berlinois. Il a aussi signé des campagnes montrant les robes dessinées par Karl pour Chloé. Mais alors qu'il ne photographie jamais les hommes, c'est Lagerfeld lui-même qu'il veut fixer sur un cliché. Depuis que ce dernier s'est laissé pousser une barbe noire et porte un monocle, Newton croit voir en lui un de ces barons allemands de son enfance.

Il n'a donc pas résisté. Pour la pose, Karl a passé une chemise à plastron et haut col cassé, comme en portait Walther Rathenau, ce ministre des Affaires étrangères juif allemand de la République de Weimar, assassiné en 1922 par une organisation antisémite. « *Il était le héros de ma mère* », assure Lagerfeld. Helmut Newton a immédiatement saisi la référence. Karl a aussi passé une veste noire, une cravate de soie à pois et mis son fameux monocle. Le photographe est arrivé sans façon, avec ses pellicules dans un sac en plastique. Il a l'habitude de travailler vite. Et pourtant, qui mieux que lui a saisi derrière l'élégance aristocratique le regard noir et vaguement inquiet, qui paraît guetter le danger caché dans un coin du décor ?

Quelle inquiétude tenaille encore Lagerfeld, alors qu'il semble désormais lancé sur la route du succès ? Outre Fendi et Chloé, il travaille maintenant pour une trentaine de licences au Japon, une ligne de lingerie aux États-Unis et dessine pour l'Allemagne. On le réclame partout. Même les actrices se tournent vers lui. En 1967, Saint Laurent a habillé Catherine Deneuve dans *Belle de jour,* et c'est aussi pour un film de Buñuel que Karl est sollicité, cinq ans plus tard. Faut-il toujours qu'il suive les traces d'Yves ?

C'est en lisant *Elle* que Stéphane Audran a repéré le couturier. Il figurait en tête d'un dossier sur les nouveaux créateurs les plus talentueux du moment. Depuis que son mari Claude Chabrol l'a distribuée dans ses films – *Le Boucher, La Femme infidèle* –, Stéphane Audran est devenue une actrice en vue. Avec ses yeux gris-vert et son phrasé un peu lent, elle incarne comme personne ces jolies femmes masquant derrière leur beauté la perversité et la trahison. C'est encore un rôle de femme aisée et oisive que lui a proposé Buñuel, pour jouer aux côtés de Delphine Seyrig dans *Le Charme discret de la bourgeoisie*. Elle aimerait que Karl Lagerfeld l'habille entièrement pour le tournage. *« Est-ce que le cœur vous en dit ? »* demande-t-elle. Bien sûr, Karl a tout de suite répondu oui. Il a réclamé le script et depuis, comme toujours, dessine sans relâche.

Le jour où il retrouve Stéphane Audran, il a dessiné des tenues qu'il présente en racontant le film comme s'il en était lui-même le scénariste. *« Tenez, ici, vous avez une scène à table, où vous êtes retournée, dos à la caméra*, annonce-t-il. *Je vais vous faire une robe avec trois découpes derrière. On ne verra que vous… »* Comme il sait parler aux femmes ! À l'écran, l'actrice est éblouissante dans une sublime robe de crêpe noir avec trois losanges laissant voir la peau nue jusqu'aux reins.

Dans la presse, Stéphane Audran, bonne camarade, ne manque pas de citer Karl. Claude Chabrol, d'ailleurs, a tellement aimé sa femme dans cette robe sage devant et sexy derrière qu'il demande au couturier une autre robe, cette fois pour son prochain film, *Les Noces rouges*. Stéphane doit y incarner une bourgeoise infidèle qui assassinera bientôt son mari avec l'aide de son amant. *« Il faudrait une note qui symbolise le sexe et la mort »*, explique le cinéaste qui n'a jamais rencontré un costumier aussi cultivé et drôle. Lagerfeld imagine alors une robe classique, boutonnée devant. Lorsque l'actrice s'assied, on aperçoit juste le petit bout d'une combinaison de soie écarlate…

Même Marlene Dietrich fait venir chez elle le couturier. Habiller l'Ange bleu, après tout, c'est aussi prestigieux que d'imaginer des robes pour Catherine Deneuve. Karl en est flatté, mais à la vérité, il n'aime pas vraiment sa compatriote allemande. L'actrice fétiche de Josef von Sternberg est pourtant tout auréolée de sa filmographie mythique et de son comportement pendant la guerre, où elle s'est opposée au nazisme depuis les États-Unis où elle a émigré en 1938. Dans son appartement de l'avenue Montaigne, trône entre le portrait d'Ernest Hemingway et celui de Jean Gabin, son amant des années 40, la *Medal of Freedom*, reçue des Américains en mémoire de « Lili Marleen », qu'elle a chantée sur les routes d'Europe quinze mois durant, pour les soldats de la 3e armée du général Patton libérant le continent.

Mais elle est désormais septuagénaire et même si elle est encore belle et fine, elle ne ressemble plus tout à fait à la femme fatale d'autrefois. Lorsqu'il lui apporte, pour les récitals qu'elle continue à donner, le dessin d'une robe en taille 36 qu'il faudra quasiment coudre sur elle, Karl a horreur de sa façon d'énumérer sans fard et en allemand : « *Il faut être lucide. Regardez-moi, j'ai le crâne plat, trois cheveux sur la tête, la poitrine trop lourde, le cou et le buste trop courts, les bras trop longs, du ventre et le cul plat. Autour de la cheville ça peut aller, mais j'ai le bout des pieds ignoble.* »

Quand on téléphone ou qu'on sonne à l'interphone, elle abandonne les *Wiener Schnitzel* qu'elle cuisinait pour lui, et imite la voix de sa bonne espagnole pour renvoyer l'importun d'un « *Madame est sortie* ». Il assure à ses amis qu'elle n'est pas sympathique, mais au fond, il déteste surtout la découvrir si humaine. « *En allemand, elle est drôle, en anglais, elle est star, mais en français,* cingle-t-il, *c'est une ménagère…* »

Karl Lagerfeld ne veut autour de lui que la jeunesse, la beauté, le luxe. Chez Chloé, lorsque Gabrielle Aghion ne lui donne pas le budget nécessaire pour maintenir le prestige de la collection, il paye lui-même le nécessaire. « *Je veux avoir la responsabilité de la création du défilé, de la publicité et des vitrines, tout ce qui donne envie à une femme de pousser la porte* », a-t-il bientôt décrété. Dans les magazines, il impose les plus grands photographes, Helmut Newton, Richard Avedon et Guy Bourdin, choisit avec soin les mannequins les plus en vue. Il a une obsession du renouvellement permanent, cet aiguillon de la mode.

Autour de lui, Corey, Pat, Donna croient trouver leur inspiration dans les paradis artificiels et plongent chaque soir dans l'alcool et la drogue. Au Sept on se repasse de table en table de petites pilules de Mandrax, bleues ou roses, qui agissent comme un dépresseur du système nerveux et vous font planer pendant des heures. Tout le monde autour de lui se drogue. Karl, lui, entretient sa discipline puritaine, sa « *colonne vertébrale prussienne* », comme il dit. Cela ne l'empêche pas d'être joyeux, bavard, rieur. « *Quand on est ennuyeux comme cela, il faut redoubler d'esprit et de conversation, pour compenser* », dit-il. Lui aussi danse volontiers, sans l'exubérance portoricaine de Juan et d'Antonio, mais il danse tout de même et s'amuse. Seulement, il reste toujours en éveil, l'œil aux aguets observant les jolies filles à qui il offrira une robe pour les voir, plus tard, porter ses collections comme autant d'agents de promotion de son travail.

Il n'a pas son pareil pour digérer, synthétiser et transformer un détail aperçu dans la rue ou sur la minuscule piste de danse du Sept en une idée de robe ou de chemisier vaporeux. D'Antonio Lopez, il a conservé la manie d'acheter chaque jour des livres par dizaines. Souvent en deux exemplaires, l'un pour sa bibliothèque, l'autre destiné à être découpé, souligné, bref à lui servir d'outil de travail. Le cinéma, la télévision, la rue lui servent pareillement de réservoirs à images. Il absorbe, crée et passe au projet suivant. « *Je suis une sorte de vampire. Je prends le sang des autres* », explique-t-il.

Une nouvelle venue est arrivée dans son cercle. Anna Piaggi est une Milanaise, chroniqueuse de mode du *Vogue* Italie. C'est une petite femme, plutôt laide, très drôle et sarcastique, d'une excentricité insensée. Ces chapeaux qu'elle ose ! Ces couleurs qu'elle associe ! Avec elle, toutes les folies vestimentaires paraissent permises. Au téléphone, elle parle comme une bourgeoise sage et bien élevée, mais lorsqu'elle arrive quelque part, son allure provoque toujours une onde de surprise et parfois d'hilarité. À la fois grotesque et sublime, elle peut porter des culottes bouffantes, une patte de poulet en sautoir, de la lingerie apparente et un petit chignon de sumo japonais sur la tête.

« *Mon travail, c'est d'inspirer Karl* », clame-t-elle volontiers. « *Dans sa façon de s'habiller, elle fait automatiquement ce que nous ferons demain* », note-t-il. Au moins, sa théorie du vampire est clairement comprise de part et d'autre. Chaque détail des tenues de cette excentrique devient, sous le crayon de Karl, une idée nouvelle. Lagerfeld introduit ainsi des empiècements de dentelle dans ses robes Chloé et dessine désormais sacs et bijoux.

Lorsqu'il s'installe à Rome, afin de dessiner les nouvelles collections pour Fendi, Anna l'accompagne comme une muse dont il aurait besoin pour se ressourcer. Ni le fax ni l'ordinateur n'existent et il doit parfois rester plusieurs jours afin d'ajuster, corriger, compléter la ligne. Anna l'inspire, le fait rire, lui apporte le vent si civilisé de l'Italie.

Sa nouvelle amie n'a pas avec lui cette ironie désinvolte que se permettent maintenant Corey, Juan ou Caranicas. Karl continue de travailler avec Antonio dans un échange fructueux, mais maintenant que les collections Chloé sont chaque année un succès renouvelé, c'est Lagerfeld qui en retire les bénéfices et les relations se sont tendues. Il n'y a plus cette liberté confiante des débuts. Antonio et Juan ont chacun pris un appartement, échappant un peu plus au contrôle du couturier. Ils ont l'un et l'autre compris qu'il faut se garder de la générosité de Karl. Corey, Pat et Jordan s'efforcent eux aussi de vivre de leurs propres deniers. Et maintenant qu'ils ne dépendent plus aussi entièrement de lui, ils se permettent des moqueries qu'autrefois ils n'osaient pas. Il y a encore quelques mois, ils ne riaient pas de ses mules à talons vernies noires ou des cuissardes rouges qu'il ose arborer, un jour, à Milan. Désormais, ils ne le voient plus avec les mêmes yeux et le trouvent ridicule.

Lagerfeld n'est pas dupe de cette petite cour qui se délite. Il voit bien le défilé des pique-assiettes dans la maison somptueuse qu'il continue de louer chaque été à Saint-Tropez. Les rires sous cape, lorsqu'il paraît avec son monocle et son éventail. Peut-être est-ce la fin d'un cycle, pense-t-il. Il regarde de plus en plus ailleurs, en quête d'inspiration.

L'après-68 est une parenthèse enchantée et jamais la liberté sexuelle n'a été si entière. Au Sept, mais aussi dans les dizaines de boîtes et night-clubs qui fleurissent à l'époque, tout le monde paraît coucher avec tout le monde. Filles et garçons, filles avec filles, garçons avec garçons, transsexuels et travelos outrageusement maquillés, tous se côtoient et se mêlent dans une fringale de découvertes et de plaisir.

Les homosexuels, surtout, ne se cachent plus. Dans le milieu de la couture, ils ont toujours été là, mais dans un non-dit de bon aloi. Christian Dior a caché jusqu'au bout son homosexualité au public et même à ses clientes, comme s'il pensait qu'elles n'auraient jamais pu le deviner, ni l'admettre.

Comme tout a changé, en quinze ans ! Le soir, lorsqu'il va souper au Sept ou danser au Nuage, Karl constate parfois que le gros des convives est « gay », comme on commence à dire à Paris. C'est un mouvement qui avance en dansant, sur du rock et bientôt du disco, ces airs issus d'un joyeux mélange de funk, de pop et de musique psychédélique.

Lagerfeld lui-même est un « homo » d'un genre particulier. Il goûte la sensualité des hommes, c'est certain – même s'il n'aime rien tant qu'habiller le corps des femmes. Mais le sexe ne semble pas l'intéresser. C'est un sujet de plaisanterie constant pour Antonio et Juan : « Il ne baise jamais. » Autour de lui, des amours se nouent, des couples d'un soir ou de longs compagnonnages. Mais on n'a encore jamais connu à Karl la moindre liaison…

7

Avec sa fine moustache de dandy d'avant-guerre, ses vestes à larges revers et son foulard de soie autour du cou, Jacques ressemble à un personnage de Proust ou d'Oscar Wilde, entre Swann et Dorian Gray. Il a toutefois une drôle de lueur dans l'œil. Quelque chose de provocant et de pervers.

C'est un joli garçon, fils de petits hobereaux de province, qui vit comme les rentiers du début du siècle. « *Jacques de Bascher de Beaumarchais* », c'est ainsi que le jeune homme se présente depuis qu'il a ajouté à son nom celui du dramaturge français, une seconde particule parfaitement usurpée. Il n'a pas non plus de fortune, comme il aimerait le laisser croire. En réalité, il travaille par intermittence comme steward à Air France et court l'aventure le reste du temps.

Cela fait des mois que Jacques de Bascher cherche à se faire présenter à Karl. Dix fois, il a renoncé à l'aborder au Café de Flore devant lequel, presque chaque jour, il gare son Solex à côté de la Bentley bleu nuit du couturier. Un soir qu'il avait emmené Philippe Heurtault, un camarade de service militaire, au Sept, il a désigné à une table un homme qui dînait parmi un groupe : « *Tu vois, c'est un couturier suédois. Bientôt, il sera l'un des plus grands créateurs et mon petit ami.* » S'il connaissait mieux le monde de la mode, il aurait reconnu Antonio Lopez et la petite bande d'Américains entourant Karl. Mais Jacques peut bien prendre un soin tout particulier à s'habiller, il ne connaît pas le milieu. Et puis, seuls Lagerfeld et son succès naissant l'intéressent.

Plus personne ne sait comment il a manigancé, mais il a appris que, ce soir d'été 1972, Karl serait au Nuage, une petite boîte de nuit parisienne à peu près grande comme une salle de bains. Aux platines officie Guy Cuevas, que Fabrice Emaer va bientôt débaucher pour le Sept et le Palace. Dans les box, toute une faune en cuir et perruque sirote du champagne dans l'odeur douce des poppers.

Bascher a soigneusement préparé son apparition. « *Lorsqu'il voulait séduire, rien n'était laissé au hasard* », confie Heurtault. Le jeune homme porte sur une chemise blanche une *Lederhose,* cette culotte de peau à bretelles tyrolienne que Karl Lagerfeld affectionne depuis l'enfance, et sur la tête un bonnet de marin français avec son pompon rouge. Rien de grotesque, au contraire, il est charmant.

Karl a trente-huit ans. Jamais encore il n'a rencontré un garçon dans le genre de Jacques : vingt et un ans, beau, cultivé, insaisissable. Comme lui, Bascher est un grand lecteur de Proust, de Huysmans, mais aussi de l'histoire des chouans, que ce petit aristocrate vénère au point de s'être fait tatouer une fleur de lys sur la fesse. Il parle avec aisance l'anglais et l'allemand, et cela compte pour Lagerfeld, qui proclame souvent que « *les gens qui ne sont pas au moins trilingues sont des ruraux* ». Et voilà comment débute cette histoire d'amour si singulière.

De lui, Karl Lagerfeld a souvent affirmé : « *C'était le Français le plus chic que j'aie jamais vu.* » Et aussi : « *J'adorais Jacques, mais il était impossible.* » Bascher est beau et chic en effet, avec toujours dans l'œil un éclair de cynisme ou de tristesse. Il travaille en dilettante. « *J'écris un scénario de film sur Gilles de Rais* », assure-t-il. Moyennant quoi, personne n'a jamais lu plus de quelques pages de script sur l'histoire de ce compagnon d'armes de Jeanne d'Arc, condamné pour hérésie, sodomie et meurtre « *d'au moins cent quarante enfants* ». Mais Jacques est d'une grâce et d'une séduction à tomber à la renverse et on lui pardonne beaucoup. « *Le diable fait homme avec une tête de Garbo* », résumera plus tard Lagerfeld.

Ce soir-là, la petite bande de Karl n'a pas vu le manège du jeune homme. Corey, Juan et Antonio ne le découvrent que quelques jours plus tard, dans la somptueuse villa que Lagerfeld a louée, pour la troisième année, à Saint-Tropez. Jamais ils n'ont vu leur mentor accompagné d'un homme qui manifestement est à ranger au rang des conquêtes. « *Dès que Jacques est arrivé, nous avons compris*, se souvient Corey. *Il captait totalement et complètement l'attention de Karl.* » Le soir même, Corey doit libérer sa chambre pour le nouveau venu.

Le lendemain, ce sont Juan Ramos et Paul Caranicas qui doivent quitter la villa. Juan, dont Karl respecte pourtant infiniment l'œil et le goût, se moque trop ouvertement du maître de maison depuis que son nouvel amant est entré dans le groupe. « *Nous avions pris trop de liberté, nous nous amusions toute la journée pendant qu'il travaillait, il en a eu assez* », soutient Corey qui avance aussi une autre raison : « *Jacques, tout à coup, lui a paru bien plus inspirant que nous…* » Les autres restent, Antonio surtout, qui continue de dessiner pour Karl. Mais ce jeune homme qui ne fait rien et se prélasse toute la journée au bord de la piscine en prenant des poses est manifestement en train de remplacer à lui seul tout le petit groupe des affidés du couturier.

Dès le retour à Paris, Karl a fait comme toujours et proposé à Jacques de le loger dans une petite garçonnière, rue du Dragon. C'est un studio, entièrement rénové, avec de grands miroirs dissimulant des placards. Jacques y a accroché une photo du pape et installé ses livres, trop heureux de quitter l'appartement de ses parents, à Neuilly, un rez-de-chaussée juste en face du bois de Boulogne. Lagerfeld l'habille, aussi. Chez le tailleur italien Cifonelli, il fait réaliser à partir de ses dessins une vingtaine de chemises en crêpe de soie et lui en donne la moitié, commande pour lui des costumes sur mesure chez Caraceni ou Renoma, paye ses sorties, le couvre de cadeaux. Dans le petit milieu de la mode où tout se sait, on a eu tôt fait de traduire la situation : « *Il est le gigolo de Karl.* »

Ce n'est pas faux. Karl ne peut s'empêcher d'enchaîner ceux qu'il aime par sa générosité. Il paye tout et Jacques qui a toujours rêvé de cette vie d'oisiveté et de plaisirs n'a pas résisté. Ce n'est pas tout à fait ce qu'Antony et Armelle de Bascher ont espéré pour leur fils. Depuis 1955 et leur retour de Saigon, où Jacques est né, ils tentent de transmettre à leurs cinq enfants l'éducation assez « vieille France » qu'eux-mêmes ont reçue. Vouvoiement obligatoire entre enfants et parents, éducation artistique et culte du château familial de la Berrière, près de Nantes, où toute la famille migre chaque été. La propriété, remaniée au XIXe siècle, avec ses douves et son beau parc, ne sert pas seulement de décor à leur villégiature. Elle a aussi nourri chez Jacques la forte illusion que seule vaut la vie d'Ancien Régime.

Ancien fonctionnaire colonial devenu cadre de Shell, Monsieur de Bascher a cru un temps que son avant-dernier rejeton ferait des études. Dès le lycée, cependant, Jacques s'est entiché de son jeune professeur d'anglais, une sorte de dandy roulant en Jaguar qui l'a initié à l'élégance, à la littérature et à l'homosexualité. Puis Antony de Bascher, que tout le monde appelle Tony, a imaginé que le service militaire, effectué dans la marine, lui apprendrait la discipline. L'aventure n'a duré que sept mois. Jacques a été renvoyé après de multiples provocations et n'a gardé de cet épisode que l'ami Philippe Heurtault et ce bonnet à pompon rouge de la marine nationale qui a tant contribué à séduire Karl. Depuis, « Tony » se contente de donner un peu d'argent à son fils, mais leurs relations sont distantes. Et voilà pourquoi Jacques est si heureux d'avoir trouvé à la fois un sponsor, un protecteur et un amant... qui n'en est pas un.

Le jeune homme a parfaitement conscience de

l'effet qu'il produit. Chaque fois qu'il entre à La Coupole ou au Flore, les cous se dévissent pour le regarder traverser la salle. Ce ne sont pas seulement ses traits fins, son nez droit, ses yeux clairs et sa bouche sensuelle qui font tourner les têtes. C'est sa façon de consacrer toute son énergie, sa beauté et son temps à séduire sans avoir l'air de rien.

Avec lui, la surprise et le danger sont constants. Jamais là où on l'attend, il semble toujours frôler des précipices. Jacques collectionne les amants, brûle les cœurs, lessive les réputations comme un don Juan ou, plus précisément, une courtisane. Un jour, Philippe Heurtault circule à moto avec son ami, rue de Rennes. « *Un flic nous a arrêtés. Jacques ne portait pas de casque et avait oublié les papiers de la Harley. Je suis allé les chercher à la maison. Lorsque je suis revenu, ils discutaient tous les deux en souriant. Le flic ne nous a pas mis d'amende. Pour le remercier, Jacques l'a invité à prendre un verre. Il portait une alliance, je m'en souviens. L'après-midi même, Jacques couchait avec lui...* »

Le sexe n'intéresse pas Karl. Peut-être même lui fait-il peur. Par tempérament, il est d'une nature froide, distante et secrète. Il peut faire preuve d'attentions très délicates mais jamais il ne se permet une caresse sur le bras ni ne laisse échapper le moindre sentiment. Les audaces de Jacques, cette façon de créer des atmosphères sadomasochistes, son goût pour les albums de Tom of Finland et ses motards musculeux en cuir qu'il rapporte de ses voyages, toute cette esthétique gay l'amuse. Mais cela vaut-il que l'on dépense son énergie à « coucher » ?

Au bout de quelques semaines, Jacques a compris que ce n'est pas son corps qui intéresse son nouvel ami et c'est si rare le concernant qu'il en a été plus encore ébloui.

Lagerfeld est amoureux, cependant. D'un amour profond et absolu. Jamais on ne lui a connu une telle fascination pour quelqu'un. On les voit désormais arriver en couple au Sept où ils dînent tous les soirs malgré le coût exorbitant du restaurant. Ils sont élégants en diable, l'un avec sa barbe et son monocle de baron allemand, l'autre avec ses trouvailles charmantes, un jour une marinière sur une culotte de peau, le lendemain un smoking porté le col ouvert. Avec cet instinct si sûr pour plaire, Jacques a compris comment exercer son empire sur Karl : il sera son prince noir, sa muse et son œil sur le monde de la nuit. Un amour sublimé.

Jacques de Bascher possède cette chose précieuse que la mode recherche ardemment : il est un concentré de son époque. La liberté, une jeunesse insolente, le goût pour le sexe, la danse et la drogue, il a tout, à l'excès. Karl est un bourreau de travail, un monstre de discipline, un œil aiguisé sur la nouveauté. « Le vice allié à la vertu », dit-on bientôt de leur duo si complémentaire.

Jacques est très français, mais il affiche plus de goût pour l'Allemagne que Karl, pourtant si germanique. Il rêve du romantisme de Louis II de Bavière, vénère le Kaiser, flirte avec la décadence berlinoise des années 20. Une fois, il est même revenu enchanté avec une casquette de la Wehrmacht qu'il s'amuse à porter torse nu, sur un slip blanc virginal, comme

Charlotte Rampling dans *Portier de nuit*. Lorsque son mentor lui a fait lire Eduard von Keyserling, cet écrivain proustien mort à Munich un siècle et demi auparavant, le petit aristocrate vendéen a cru retrouver son univers. *« Les Helmt étaient si distingués qu'ils pouvaient à peine vivre... »*, écrit l'Allemand. N'est-ce pas la version germanique de Des Esseintes, le héros du *À rebours* de Huysmans, ce livre que chérit Jacques ?

C'est curieux comme ce noceur symbolise ces années 70 libertaires et affranchies, alors qu'il vibre aux discours de Charles Maurras et de l'Action française, se dit royaliste et franchement réac. Il peut être ivre mort mais faire le baisemain aux femmes mariées, comme s'il restait toujours soucieux de l'étiquette. C'est ce mélange contradictoire qui amuse Karl. Le soir, Jacques adore flirter rue Sainte-Anne en portant un blouson de cuir noir au dos duquel a été cloutée la devise des chouans, *« Ma foy, mon roy »*, dans un cœur vendéen.

Le jeune homme se lève tard, vers 14 heures, pour aller au cinéma, s'arrête sur le chemin du retour dans un café pour jouer au flipper. Lorsqu'il retrouve Lagerfeld en fin d'après-midi, il a toujours une histoire, un geste, une remarque dont le styliste se nourrit. *« Il lui fallait comme une éminence de la vie nocturne qui regarde comment s'habillent les gens et lui rapporte l'air du temps »*, observe l'ancienne physionomiste du Palace, Paquita Paquin.

Être entretenu par Karl suppose des obligations. « Jako », comme il l'appelle, peut multiplier les conquêtes, mais il doit être entièrement disponible pour le couturier, ce qui suppose de dîner presque tous les soirs avec ce protecteur dont il dépend financièrement pour tout, ses sorties, ses vêtements ou la machine à écrire IBM à boule que Karl ne veut pas lui acheter. Un jour, *L'Orage*, le navire de la marine nationale sur lequel Jacques a effectué son service militaire, est annoncé au port de Brest, et il rêverait de s'y rendre en Rolls, histoire de narguer les officiers qui l'ont renvoyé. Lagerfeld lui refuse ce caprice. *« Il ne voulait pas que Jacques s'émancipe »*, croit comprendre Philippe Heurtault.

C'est sans doute vrai. Être entretenu est une position délicate, il faut rester sans cesse sur le qui-vive, toujours désirable sous peine d'être quitté. Mais Jacques ravale ces petites humiliations comme un enfant soumis à l'autorité d'un père. Il est bien trop flatté d'avoir un amant platonique aussi introduit chez les clientes de luxe que dans les boîtes de nuit déjantées. Souvent, lorsqu'il ramène chez lui un garçon, il lui fait écouter des enregistrements de la voix du styliste si reconnaissable son accent allemand ou, lorsque celui-ci téléphone, passe l'écouteur à son petit ami du moment.

Les années 70 s'autorisent toutes les expériences. Si Karl ne boit que du Coca-Cola, Jacques a plongé sans frein dans les drogues du moment. Dès le réveil, il sniffe une ligne de cocaïne. Le soir, il prend un Mandrax qui, accompagné de Chivas, qu'il boit au goulot, décuple les sensations érotiques. Il faut qu'il ait vingt ans pour tenir sans dommage apparent ce rythme effréné et destructeur. Mais il veut vivre sans se préoccuper du lendemain et puis, quelle autre obligation a-t-il que de s'amuser ? « *Le travail de Jacques, c'est d'être Jacques* », a compris l'amie hambourgeoise Florentine Pabst. Il se prépare longuement avant chaque sortie. Puis s'arrange pour dévaster dans la nuit ce bel arrangement. Tout le contraire de Lagerfeld, toujours en train de dessiner chez lui, en robe de chambre piquée blanc, pour Fendi, Chloé et les multiples marques qui l'emploient en free-lance.

Un soir, Jacques croise Diane de Beauvau-Craon, descendante d'une des plus illustres familles françaises, apparentée aux comtes d'Anjou et aux ducs de Lorraine. Jacques, si sensible aux pedigrees, a tout de suite été fasciné par son arbre généalogique si peu en adéquation avec son allure. Avec ses cheveux coupés ras à l'âge de quinze ans et sa silhouette androgyne, Diane a toujours l'air d'un infernal jeune homme, dingue et drôle, oisive comme Jacques et défoncée comme lui. Trois jours après leur rencontre, ils se sont donné rendez-vous dans la garçonnière de la rue du Dragon. « *Il était d'une beauté diabolique, d'une séduction à tomber à la renverse* », se souvient-elle. Qu'importe qu'il préfère les hommes. Cette « *fille à pédés* », comme elle se qualifie elle-même, a fini par sortir tous les soirs avec le jeune homme. Dans les boîtes où ils dansent, déchaînés, on a fini par la soupçonner de jouer les « rabatteuses » pour lui, tant ils paraissent aimanter les garçons.

Le duo vit dangereusement, toujours au bord de l'overdose et du scandale. Il faut que Karl Lagerfeld téléphone à son père pour lui demander de « tenir sa fille » après qu'ils ont fait un soir les quatre cents coups. « *Ce n'est pas que Karl soit jaloux, bien qu'il soit possessif. Mais il avait peur que je fasse du mal à Jacques* », dit Diane aujourd'hui. Karl n'a pas tort. Jacques paraît n'avoir peur de rien. Ni de la loi, ni de la mort, ni des interdits.

Au Sept se côtoient les Guermantes et les déjantés. Au restaurant, on croise facilement le futur ministre de la Culture Michel Guy et les Rothschild, Françoise Sagan qui joue aux cartes avec sa maîtresse, la belle Peggy Roche, une ancienne journaliste de mode devenue styliste. Au club, dansent Mick Jagger ou David Bowie et toute une série de mannequins qui donnent à la nuit cette excitation joyeuse et pétillante que recherchent les libertins du moment.

Jacques est de ceux qui naviguent aisément entre les deux mondes. À l'heure du dîner, il paraît à la table de Karl. Toujours, il a une histoire drôle à raconter ou un potin inédit. Vers minuit, ils descendent au sous-sol où l'on boit du champagne autour de la piste de danse. Jacques est au bar et contemple les coteries de son regard faussement détaché. Il sait bien qu'on l'observe, lui aussi.

Le compagnon de Lagerfeld n'aime rien tant que perturber les certitudes et provoquer le désordre. On lui désigne un jour un bel homme sûr de son goût pour les femmes. Il n'a aussitôt de cesse que de le voir succomber à son charme puis de l'abandonner, pantelant d'amour. Le couturier adore que « Jako » lui raconte, le lendemain, les manies d'une figure mondaine, l'intimité d'une célébrité de la nuit. C'est sa façon de posséder les autres par son intermédiaire.

Tout de même, son mentor n'imagine pas à quel point Jacques a le sens des transgressions vénéneuses. Cela fait un peu plus d'un an qu'ils entretiennent cette liaison chaste et absolue et le voilà qui a jeté son dévolu sur le seul amant qui lui était interdit…

8

C'est le désœuvrement qui est dangereux. Toutes ces journées où il ne travaille pas, Jako les passe à chercher un sujet de divertissement, une surprise nouvelle, quelque chose qui donnera du piment à sa vie. Enchaîner les amants ne l'intéresse pas vraiment. *« C'est l'impossible qui l'excitait »*, reconnaît l'ami Philippe Heurtault. Et l'impossible, l'impensable, le seul fruit qui lui soit défendu a un nom : Saint Laurent.

Cela pourrait être un vaudeville moderne. Deux anciens amis, un amant et un mari dans le placard. D'abord clandestine, la liaison dans laquelle Jacques de Bascher va s'engager avec le couturier rival de Karl va pourtant virer au drame et secouer le petit monde de la mode bien plus que le jeune homme ne l'aurait souhaité.

Depuis quelque temps déjà, les relations entre Yves et Pierre Bergé se sont transformées. Leurs fêtes sont toujours plus somptueuses ; des dizaines d'œuvres d'art ornent le splendide duplex et les 800 mètres carrés de jardin, 55, rue de Babylone, où ils se sont installés en 1972. Riche, le couple l'est assurément, mais plus encore, il incarne cette élite de la beauté et du succès, ces « beautiful people » de leur époque. Depuis la mort de Coco Chanel, de Balenciaga et de Schiaparelli, Saint Laurent paraît aux yeux du monde comme la seule « french star » de la haute couture. Les femmes qu'il dessine sont libres et indépendantes, marchant à grands pas en pantalon fluide et blouse de mousseline. Lui-même porte un smoking blanc, comme Gatsby le Magnifique. Il est beau, il a trente-sept ans.

Bergé, lui, a endossé plus complètement son rôle de producteur. Il prépare le déménagement de la maison de couture de la rue Spontini à l'avenue Marceau. Avec ses costumes gris, il a toujours l'air d'un homme d'affaires, ce qu'il est sans conteste d'ailleurs. Le développement de la maison de haute couture, du prêt-à-porter et des parfums, c'est lui. Il s'occupe comme une nounou de ce « génie » d'Yves qui semble tellement au-dessus des hommes qu'il serait bien incapable d'acheter un billet d'avion.

Ce n'est pas toujours facile, cependant. Le couturier passe parfois de l'exaltation la plus intense à la dépression la plus noire, grisé par le succès, dévasté par les critiques. Comme un adolescent, il voudrait s'émanciper de la férule de ce compagnon qui pourtant lui offre la liberté en s'occupant de tout. En public, Yves traite souvent Pierre avec désinvolture, laissant ses amis se moquer de lui dès qu'il a le dos tourné. En privé, il s'est mis à multiplier les conquêtes, toujours avec cette fausse pudibonderie qui ajoute au sexe un délicieux frisson.

Évidemment, il a repéré le jeune de Bascher dès son

arrivée dans le cercle Lagerfeld. Comment en serait-il autrement ? Les deux clans se retrouvent presque tous les soirs au Sept à des tables voisines. Tout le petit monde de la mode a vu, au printemps 1973, les photos où Jako posait aux côtés de Karl dans le nouvel appartement que ce dernier loue désormais, au deuxième étage d'un immeuble de la place Saint-Sulpice. Trois cent quatre-vingt-dix mètres carrés, juste au-dessus des marronniers en fleur, vue sur la fontaine et la somptueuse église. L'endroit est entièrement peint en noir et blanc, meublé Art déco, avec une paire de superbes vases Dunand et deux consoles d'Eugène Printz, achetés dans les salles des ventes dont Bergé et Lagerfeld sont devenus les meilleurs clients et où ils se croisent parfois en se saluant cérémonieusement.

Depuis qu'Antonio Lopez et Juan Ramos sont repartis à New York en 1974, Karl emmène Jacques partout. Ils s'habillent dans le même style, costumes et pantalons à revers, overblouses de soie, foulards autour du cou et parfois, pour Jako, un ensemble en lin crème, comme Gatsby lui aussi… Avec sa fine moustache et, l'été, son borsalino de paille, sa référence reste cependant Robert de Montesquiou, le dandy qui servit de modèle à Huysmans pour imaginer Des Esseintes, dont il trimballe partout la biographie par Philippe Jullian.

Tout à son obsession aristocratique, Jacques rêve de mener le train de vie des hobereaux d'autrefois ou du moins ce qu'il en imagine. Il a tenté en vain de convaincre Lagerfeld de payer les rénovations du château de la Berrière, mais ce dernier n'a aucune envie de s'attacher à une famille qui n'est pas la sienne, même s'il se montre toujours d'une prévenance impeccable avec Armelle de Bascher.

Un jour, cependant, Jacques a organisé un week-end en Bretagne pour montrer à Karl un château à vendre, dans le Morbihan. Tout le petit monde de la mode sait depuis que le styliste de Chloé a acheté cette propriété qui plaît tant à son ami. Le château de Penhoët est une belle demeure de granit clair, à Grand-Champ, à une quinzaine de kilomètres de Vannes. « *L'ensemble a bien plus à voir avec un hôtel particulier de la rue de Varenne qu'un château breton* », juge le couturier, amusé de voir Jacques qui déjà redessine en esprit le parc à la française, distribue les chambres et imagine des bals. Il s'est pris au jeu, lui aussi, et a demandé à Patrick Hourcade, un ancien étudiant en histoire de l'art travaillant à *Vogue* qu'Anna Piaggi lui a présenté, de l'aider à lui restituer son éclat d'antan. « *Avant de toucher à votre maison, regardez les archives et les livres sur l'esthétique de l'époque* », a conseillé ce beau jeune homme féru d'architecture. « *Pourriez-vous le faire pour moi ?* » Et c'est ainsi que, depuis des mois, Grand-Champ est en travaux.

Sur les conseils de Patrick Hourcade, des ouvriers ont fait sauter des souches et creusé des bassins en pierre. Des tilleuls et des buis ont été plantés, la volière est peuplée de pigeons paons blancs. Le château lui-même a été entièrement rénové, ses quarante pièces redécorées et meublées de commodes, lits, consoles achetés dans les maisons des ventes. C'est très fin XVIIe-début XVIIIe siècle, l'époque préférée de

Karl qui répète toujours qu'il ne connaît rien de plus beau que le château de Versailles. Au rez-de-chaussée, une enfilade de salons accueille les visiteurs. La suite de Jacques est sous les toits, charmante comme la chambre d'un fils adoré. Entre les deux, au premier étage, on trouve à gauche les appartements de Lagerfeld et, à droite, ceux de sa mère.

Elisabeth Lagerfeld a adoré Grand-Champ d'emblée et il a fallu accélérer les travaux de sa chambre afin qu'elle puisse s'y installer au plus vite. Elle y passe des heures, écoutant de la musique sur un tourne-disque, lisant les journaux en buvant du thé. Grand-Champ est redevenu un château de famille, le projet commun de Karl et Jacques, le lieu de leur intimité. Pourquoi Bascher prend-il le risque de tout gâcher ?

Yves, lui aussi, devrait s'interdire de succomber. Il garde tout de même avec Karl mille souvenirs joyeux de leurs débuts, lorsqu'ils riaient jusqu'à l'aube, allongés côte à côte avec Victoire. Et puis, si les échanges entre Bergé et Lagerfeld sont toujours teintés d'une pointe d'acidité, Yves et Karl se comprennent et au fond s'apprécient. Bien sûr, la renommée de Saint Laurent côtoie le firmament mais il connaît le talent de Lagerfeld pour le dessin, son inventivité dans la mode, son formidable sens de l'époque et de ses mutations. Jacques est donc à la fois impossible et la tentation même.

À la fin 1973, Yves envoie son amie Clara Saint convier le fruit défendu à l'un de ses défilés. Quelques semaines auparavant, le 10 septembre, Karl a fêté ses quarante ans en conviant... le clan Saint Laurent. Sur la petite photo parue dans *Vogue*, ils sont tous là, Bergé, Loulou de la Falaise, Paloma Picasso, Thadée Klossowski et Clara Saint. Ils font un peu la tête, sauf Yves qui paraît enchanté. Y a-t-il déjà un soupçon qui plane ?

Qui sait que Saint Laurent est tombé follement amoureux de Jacques ? Très peu de monde. Clara, bien sûr, qui a joué les entremetteuses. Philippe, l'ami de Jacques, qui voit les monceaux de fleurs blanches qu'Yves fait envoyer chaque jour dans le petit appartement de la rue du Dragon. Pour le reste, le nouveau couple vit ses amours dans la clandestinité.

Le 25 février 1974, le couple Bergé-Saint Laurent donne une nouvelle fête en l'honneur de Warhol, rue de Babylone. Le vernissage de l'expo Mao, peintures et sérigraphies à l'huile du Grand Timonier chinois, a eu lieu trois jours plus tôt et, comme à chaque séjour d'Andy à Paris, l'événement a fait sensation. Le Tout-Paris de la mode et de l'art a donc été convié.

La simple présence du duo Lagerfeld et de Bascher montre que les relations sont encore bonnes entre les deux clans. L'ami Philippe Heurtault a été admis, à l'instigation de Jacques, comme seul photographe de la soirée. Avec son petit appareil, il saisit tour à tour Warhol et le peintre anglais David Hockney qui a demandé à Jacques de poser pour lui, puis Paloma Picasso et François-Marie Banier. Il immortalise aussi Karl et Jacques, Karl et Yves, Jacques et Pierre, comme si personne encore ne savait ce qui se trame en secret. C'est le cas. Sur les photos, Jako donne parfaitement le change. Très élégant, dans son

114

costume noir et sa chemise à large col, il tient par l'épaule Pierre Bergé comme s'ils étaient les meilleurs amis du monde. Yves fait exactement de même avec Karl, une main amicale posée gentiment sur le cou de son ancien camarade devenu son rival.

Sur les clichés où Yves et Jacques figurent ensemble, cependant, Saint Laurent paraît hagard. « *Ivre, il semblait difficilement contrôlable et demeurait là, fasciné, en arrêt devant Jacques* », se souvient Philippe Heurtault. Le couturier se ressert sans cesse de l'alcool. Il tient à peine debout et Jacques commence à craindre un geste, un cri qui sonnerait comme un aveu. On entend soudain un grand bruit, c'est Saint Laurent qui est tombé, entraînant dans sa chute une des deux dents de narval qui décorent l'entrée de l'appartement. On le porte dans son lit, à demi conscient. Le scandale est évité. Pour ce soir, personne ne saura rien.

Karl est pourtant bientôt au courant. Est-ce Jacques qui s'est confessé ou lui qui a deviné ? « *La jalousie, c'est pour les bourgeois* », a toujours affirmé le couturier. Sans doute est-il blessé de cette intrigue qui sonne aussi comme une trahison symbolique. Il n'en laisse rien paraître et joue l'indifférence. Tout de même, il a alerté Jako sur les dangers de l'aventure. Yves n'est pas n'importe quel amant. Il est célèbre, l'image de son entreprise est liée à la sienne et Pierre Bergé veille.

Jako, d'ailleurs, aime-t-il sa nouvelle conquête ? Rien n'est moins certain. Mais il est flatté. Après que Karl lui a présenté Andy Warhol, il a acheté un Polaroïd SX70 et un magnétophone à cassettes, sur le modèle que trimballe partout le prince du pop art. Comme avec ses autres soupirants, Jacques enregistre donc Yves et fait entendre à Philippe Heurtault ses mots d'amour enflammés : « *Écoute, c'est une déclaration historique !* » rit-il comme un enfant.

Jacques n'a pas son pareil pour imaginer de petites mises en scène, des déguisements qui entretiennent l'érotisme masochiste du couturier. Un jour habillé en chérubin, le lendemain en officier allemand. Yves l'appelle « *mon lieutenant* », ravi d'être soumis, lui que le monde entier adule. Jacques, d'ailleurs, ne recule devant rien, même lorsque le couturier met sa chevalière sur la plaque électrique pour marquer sa fesse de son sceau.

Les amis de Saint Laurent connaissent les emportements et les coups de cœur du couturier. Yves peut passer une nuit entière à poursuivre un garçon qui lui plaît, faire du chahut et terminer au commissariat où Pierre Bergé vient toujours, avec son chéquier, réparer les dégâts. Mais sortir avec Jacques, c'est autre chose. Cette âme perverse est sans frein ni limite. Il peut faire des plaisanteries de potache, comme ce jour chez Lipp où il bombarde le danseur mondain Jacques Chazot de petits messages pornos en faisant croire qu'ils viennent d'un autre client, ignorant du manège. Il peut aussi jouer à des jeux plus dangereux.

Il a toujours sur lui une petite tabatière en or de chez Cartier remplie de cocaïne. Avec lui, Yves a bientôt plongé dans la drogue, enchaîne les nuits blanches, paraît obsédé par la prochaine soirée qu'ils passeront ensemble. Une nuit, ils font tellement de scandale

116

qu'Yves est embarqué dans le panier à salade de la police, sans le moindre sou sur lui, sous le regard de Jacques, caché derrière un buisson et qui se tord de rire.

Saint Laurent ne dessine plus, ou alors il dessine de Bascher vêtu de ses blouses de soie imaginées pour lui par Lagerfeld. Étrange mise en abyme d'un couturier qui redessine les créations d'un autre... Jacques cherchait une passade, c'est une passion qui lui est tombée sur les bras. Yves le bombarde de lettres, l'étouffe sous les bouquets de fleurs de chez Lachaume, confesse tout de sa vie, lui offre des cadeaux somptueux et d'autres plus intimes comme cette petite photo noir et blanc de lui, enfant, sur une plage bretonne sous laquelle il est écrit : « *Yvon, le petit canard de Concarneau* ». En somme, il se consume dans cette histoire.

Au début, Jako en riait avec ses amis. Maintenant, il soupire comme un don Juan poursuivi par une vieille maîtresse. L'écrivain Yves Navarre, l'un de ses nombreux anciens amants, s'amuse toujours avec la même plaisanterie : il téléphone à Jako et, jouant sur la similitude des prénoms, imite la voix traînante du couturier. « *Allô ? C'est Yves...* » « *Arrête, tu m'as fait peur !* » Jacques s'avoue débordé par l'amour dévorant de son amant. D'ailleurs, il s'est déjà enti-ché d'un autre garçon, Alan Cornelius, un bel Améri-cain qui occupe toutes ses pensées. Exprès, il affiche chez lui des photos d'Alan encadrant celle du pape.

La maison de couture YSL ne peut plus ignorer le désordre qui agite le prince de la mode. Il vient à peine travailler, promène un visage hâve et une allure amaigrie. Parfois, Pierre Bergé doit téléphoner à tous leurs amis pour le retrouver et il a eu tôt fait de repérer en Bascher le fauteur de troubles. L'affaire pourrait n'être qu'un drame sentimental, mais Karl avait raison en prévenant Jacques : Saint Laurent n'est pas un amant comme un autre. C'est une fortune, une image, des emplois. Bergé ne peut que constater que tout ce qu'ils ont construit est maintenant menacé.

Jusque-là, les clans se fréquentaient et l'on sentait à peine entre eux les aiguillons d'une compétition larvée. Il était entendu que Saint Laurent était un génie, et Lagerfeld était suffisamment intelligent pour sembler ne pas s'en émouvoir. Depuis qu'Yves quémande éperdument quelques bribes d'attention de Jacques de Bascher, Pierre Bergé s'est mis en tête que le jeune homme est le bras armé par lequel Karl voudrait détruire son rival. C'est faux, bien sûr. Lagerfeld n'a rien organisé. Mais c'est un peu vrai aussi parce qu'il a laissé faire et écoute chaque soir attentivement Jacques lui raconter, les yeux levés au ciel, la descente aux enfers de Saint Laurent. « *Si les mouches tournent autour de la lampe et si elles se brûlent, ce n'est pas ma faute* », chantonne Jacques, comme Marlene Dietrich dans *L'Ange bleu*.

« *Jamais Jacques n'aurait quitté Karl pour Yves, tout simplement parce qu'il y avait 36 000 Yves dans sa vie* », soutient Diane de Beauvau-Craon aujourd'hui. Mais Saint Laurent ? Peut-il abandonner ses dessins, ses robes, ses défilés sublimes ? Voilà ce que craint Bergé. Il n'a rien dit lorsque son compagnon s'est acheté une garçonnière, avenue de Breteuil. Mais maintenant que cette passion dévorante pourrait mettre à bas la maison patiemment édifiée, il entend réagir.

Quelque chose d'autre lui fait peur. Quelques mois plus tôt, Jacques a introduit à Grand-Champ l'un de ses protégés, José, un garçon un peu gauche qu'il a présenté comme un lointain cousin. Le jeune homme logeait dans la maison de gardien du château, tenait compagnie à Elisabeth Lagerfeld et était censé superviser les comptes. Un jour, de l'argent a disparu. On l'a accusé d'indélicatesse. Il a été renvoyé. Trois jours plus tard, José a été retrouvé mort, à quelques kilomètres. Le jeune homme s'était suicidé en se jetant sous un train, sur un tronçon de voie ferrée désert, tout près de Vannes. Il avait vingt-huit ans.

Pierre Bergé a été terrifié en apprenant la nouvelle. Jacques est dangereux, c'est certain. *« Ne voyez plus ces gens épouvantables »*, intime-t-il à Yves et à tous ceux – Loulou, Thadée, Jacques Grange – qui continuent de fréquenter Jacques de Bascher. Chaque signe est une menace. Un soir, après une dispute, Saint Laurent part soudainement, dans sa petite Coccinelle noire. Vingt-quatre heures plus tard, après avoir téléphoné dans tous les commissariats, Pierre le retrouve dans un hôpital du nord de Paris où il a échoué. Cela ne peut plus durer.

Lors d'une soirée, au Sept, Pierre Bergé prend Karl à partie : *« Il faut que tu tiennes ta petite pute ! »* vocifère-t-il devant les convives abasourdis. *« Yves n'est pas ta propriété ! »* rétorque Lagerfeld. La rumeur courra plus tard qu'une gifle est partie. C'est faux, la gifle a été pour Jacques, un autre soir, alors que Bergé venait d'entrer et de buter contre lui, mais il est clair pour tout le monde que la guerre est déclarée. Après de vaines scènes et des menaces, Pierre Bergé se résout à téléphoner un jour à l'amant maléfique et lui pose un ultimatum : s'il ne quitte pas le couturier, il lui arrivera malheur… « *Son coup de fil était le plus terrifiant que Jacques ait jamais reçu* », témoigne Philippe Heurtault à qui son ami fait écouter l'enregistrement de l'appel.

Jacques le pervers, habituellement si sûr de lui, en devient paranoïaque. Il est convaincu que Bergé a dépêché des tueurs pour l'assassiner. « *Il hurlait : "Il a envoyé des tireurs d'élite aux Tuileries pour me tuer !"* » raconte encore l'ami Philippe. La menace est en tout cas suffisamment sérieuse pour que de Bascher ne réponde plus aux appels désespérés de Saint Laurent. Pour plus de sûreté, il a remis les lettres d'Yves à Lagerfeld, « *des lettres immontrables* » pleines de dessins pornographiques et d'obscénités, assure Lagerfeld qui les a soigneusement conservées.

Une nuit, alors que Jacques fuit depuis plusieurs jours les sollicitations incessantes de Saint Laurent, ce dernier débarque, complètement ivre, au volant de sa voiture et tourne autour de la place Saint-Sulpice en hurlant « *Jacques, Jacques !* » jusqu'à ce que les voisins appellent la police. En cette fin d'année 1975, tout ce qui unissait les deux couturiers les plus en vue du moment vole en éclats.

Longtemps, Pierre Bergé rendra de Bascher responsable de tous les maux : leur séparation en 1976, la chute de Saint Laurent dans l'enfer de la drogue et de la dépression. « *J. de B. n'a été qu'un prétexte,* a-t-il fini par écrire dans ses *Lettres à Yves*, en 2009, *l'occasion que tu cherchais et qui s'est présentée.* » C'est sans doute vrai, bien qu'Yves ne soit pas le seul cœur meurtri dans le long sillage des amours de « J. de B. ».

Un tel incident pourrait avoir des conséquences graves pour Jacques. Certes, il est jeune, beau, mais *« c'est Karl qui tirait les ficelles »*, souligne Diane de Beauvau-Craon. Il suffirait que Lagerfeld le renvoie et c'en serait fini de son train de vie dispendieux et sans doute de son succès dans les soirées et les magazines. Dans le milieu de la mode, la plupart ont été sommés de choisir entre les deux clans. On ne peut plus, désormais, être ami de Lagerfeld ET de Saint Laurent.

Mais Jacques parvient à ne pas perdre sa position. Tout juste Karl a-t-il pris soin de mettre les choses au point. Comme un message destiné à son protégé autant qu'au petit milieu de la mode qui bruit de rumeurs, il explique dans *Interview*, la revue d'Andy Warhol : *« Je ne tombe jamais amoureux, je suis seulement amoureux de mon travail. »* Le magazine publie des photos de sa chambre à coucher, place Saint-Sulpice, un immense lit recouvert de tissu bordeaux avec une plinthe en métal qu'il a lui-même dessinée, assorties de son commentaire : *« Ce genre de lit a été conçu pour les êtres solitaires. Si vous considérez la pièce dans son ensemble, vous penserez à tout sauf au sexe, parce que c'est la chambre la plus asexuée qui soit. Et j'adore les chambres asexuées. »* Si Saint Laurent s'est consumé dans cette relation dévoyée, Karl affirme que, pour sa part, il continue de tout maîtriser.

Elisabeth n'est plus tout à fait comme avant. Autrefois, elle vivait dans l'appartement de la place Saint-Sulpice, dans une vaste chambre dont les fenêtres donnaient sur l'angle, rue des Canettes, mais depuis qu'elle a eu un AVC, Madame Lagerfeld s'est retirée à Grand-Champ où Pilar et Rafaël, un couple d'employés espagnols, veillent sur elle.

Karl déteste la maladie. Depuis toujours, il fuit ses amis au moindre refroidissement. Jamais il ne visite une connaissance à l'hôpital. Comment supporterait-il de voir sa mère intellectuellement diminuée et en fauteuil roulant ? Lorsqu'il vient en Bretagne, avec Jacques et Anna Piaggi, et plus encore lorsqu'il y convie des rédactrices de mode ou des relations qu'il veut impressionner, Elisabeth reste invisible. Enfermée dans ses appartements où elle continue d'écouter Der Rosenkavalier de Strauss, allongée sur un sofa.

Et puis, un jour de 1978, Pilar et Rafaël ont téléphoné pour dire que Madame Lagerfeld venait de s'éteindre. Le matin, on avait fait venir le coiffeur, puis le médecin pour soigner un rhume persistant. Le docteur a à peine eu le temps de traverser la pièce qu'Elisabeth était morte brutalement.

Karl ne s'est pas déplacé. Sa mère, disait-il, avait toujours refusé l'idée d'une cérémonie funèbre. Seul le couple d'Espagnols a assisté à la crémation. Les cendres ont été rassemblées dans une urne achetée tout spécialement dans une salle des ventes. Désormais, il va pouvoir la faire revivre comme il l'entend.

9

Karl a ceci de commun avec Jacques : il aime recomposer la réalité à son goût, en adéquation avec son imaginaire et son intérêt. Il a commencé en entretenant le flou sur les origines de son père. Suédois, danois, personne ne savait trop bien à ses débuts. Maintenant qu'il a franchi la barre des quarante ans, il ment sur son âge. Personne ne vieillit jamais dans la mode... Pour ses défilés Chloé, le couturier recale systématiquement les mannequins trentenaires. Au Sept, tout le monde vit, danse, se drogue comme s'il était inutile de se préserver pour les années à venir. Comment accepterait-il d'avouer les années qui passent ?

À la mi-temps de son existence, le couturier s'est encore transformé physiquement. Il a rasé sa barbe, abandonné la musculation intensive qui lui avait sculpté un corps de culturiste et s'est alourdi. L'éventail qu'il a définitivement adopté lui sert de plus en plus souvent à masquer les effets de l'âge et un léger embonpoint. Lagerfeld s'aime moins. Chaque fois qu'il se souvient de ses dix-huit ans d'écart avec Jako, il sent comme la morsure du temps sur sa nuque.

Lors de sa première interview sur France Inter, en 1958, il avouait sans fard ses vingt-cinq ans. Désormais, il modifie volontiers sa date de naissance. 1933... 1935... 1938... Lagerfeld joue avec les possibilités. Cela l'oblige parfois à réajuster l'ensemble des récits qu'il livre abondamment sur son passé, mais il s'amuse de ces bobards que gobent les journaux sans jamais rien vérifier. S'il est né en 1938, c'est donc que ses débuts furent précoces ? « *À quatorze ans, je suis venu à Paris et je vivais tout seul comme un adulte »,* explique-t-il avec superbe.

Il existe une demi-douzaine de photos et d'articles sur ce fameux concours de la mode remporté en 1954 avec Yves Saint Laurent, où ses vingt et un ans sont clairement mentionnés, mais personne n'ose jamais lui mettre le moindre document sous le nez. « *Les Jedi n'ont pas d'âge »,* écrit superbement une rédactrice de mode, comme si l'enquête était inutile. Même en Allemagne, où d'anciens camarades d'école, des voisins, ses cousins suivent de loin son ascension, on ne rectifie pas.

Il laisse souvent ses proches lui organiser des anniversaires où le nombre de bougies sur le gâteau est inférieur de cinq à la réalité. Si l'on insiste, il s'en tire par une pirouette : « *Mon âge ? Je ne le dirai jamais, et puis il y a des choses que je ne sais pas moi-même... »* Plus tard, lorsqu'il aura passé les soixante-dix ans, dans une émission de télévision face à des jeunes gens de vingt ans, il affirmera sa certitude profonde : « *Je ne fais partie d'aucune génération ! »* Tout de même, lorsque les soupçons deviennent pressants, que le mensonge est près d'être dévoilé, il esquive et met

126

en scène Madame Lagerfeld, en statue du Commandeur : « *Elle a voulu modifier l'acte de naissance, je
ne sais pas pourquoi, et ensuite, elle a tout brûlé* »,
affirme-t-il dans plusieurs portraits.

Est-ce par là qu'il a commencé à réinventer Elisabeth ? Depuis que sa mère a disparu, Karl n'en
finit pas de lui redonner vie. Ses cheveux très noirs,
aile-de-corbeau, ses boucles d'oreilles avec une perle
oblongue, sa minceur – taille 36 ou 38 –, lorsqu'il
la décrit, c'est comme s'il la redessinait en femme
idéale. La *Hausfrau* de Hambourg disparaît derrière
la silhouette d'une élégante comme on en croisait
dans les chroniques mondaines de Weimar ou de
Heidelberg.

Au départ, il a seulement réinventé les origines
sociales de ses parents. Dans de multiples interviews
des années 70, Otto est baron, Elisabeth fille du gou-
verneur de Westphalie. Rien qu'à feuilleter l'épais
dossier de la documentation du *Monde* – quinze bons
centimètres de coupures de presse –, on mesure le
récit fantasque d'une enfance magnifiée. La maison
de Bad Bramstedt se transforme en château, les
étables rutilantes abritent des vaches de concours, le
personnel s'étoffe et la nanny de ses sœurs se mue
en gouvernante française attachée à son seul service
de gamin surdoué. Jamais la guerre n'existe dans ces
paysages où Lagerfeld semble avoir vécu une enfance
de petit lord.

Au milieu de ce tableau somptueux, les portraits
les plus colorés sont cependant pour sa mère. Elle
y est toujours séduisante, fantasque et merveilleu-
sement douée. « *Ma mère qui était violoniste* […]

répétait souvent trois heures d'affilée le matin, sur un violon allemand du XIXe siècle, un instrument rare, affirme-t-il dans l'un de ses multiples entretiens pour *Interview*, le magazine d'Andy Warhol. *Elle jouait en quatuor avec des gens qui venaient à la maison. Bizarrement, elle a posé son violon un jour et ne l'a plus touché.* » Puis, pour faire bon poids, il ajoute : « *C'était une femme qui avait piloté son avion personnel en 1919, très moderne, très libérée.* » Il affirme même un jour qu'il a hérité de sa mère la propriété de Grand-Champ, comme si ce château breton avait pu être dans la famille maternelle depuis des générations. Qu'importe la vérité, les journaux raffolent de ces histoires extraordinaires. Suédois, danois, ou aristocrate allemand, c'est un pedigree qui convient autant à l'imaginaire de Jacques de Bascher qu'au public qui découvre les premières apparitions télévisées du couturier. Karl Lagerfeld montre un talent tout particulier pour dissoudre la réalité dans sa propre légende.

Au fil des années, il s'est mis à jouer les ventriloques d'Elisabeth. Madame Lagerfeld, vue par Karl, c'est une longue série de vacheries racontées avec délectation. « *Elle me disait toujours que j'avais de trop grosses narines et qu'on devrait téléphoner à un tapissier pour qu'il y installe des rideaux… Et à propos de mes cheveux, qui étaient de couleur marron-acajou : "Tu ressembles à une vieille commode"* », répète-t-il de portrait en interview. Il raffine, ajoute parfois des variantes : « *Enfant, je portais des chapeaux tyroliens et ma mère m'a dit un jour : "Tu as l'air d'une vieille lesbienne." J'avais huit ans. Elle était drôle, non ?* »

Et encore : « *Ma mère disait : "Il a un gros ventre"* *et elle me faisait dormir avec des ceintures.* » Ou : « *Ma mère a essayé de m'initier au piano. Un jour, elle* *a refermé le couvercle du clavier sur mes doigts et m'a* *dit : "Dessine, cela fait moins de bruit."* » La liste des « *ma mère disait* », « *ma mère pensait* » est sans fin, dressant le tableau d'une éducation terrifiante mais d'un personnage hors du commun.

Dans son fantasme, Elisabeth est « *toujours déli-cieusement habillée, si parfaite* ». Rien à voir avec Otto, décrit en deux lignes cinglantes ou, plus sou-vent, totalement effacé. Elle, joue de la musique en virtuose, traduit en allemand Teilhard de Chardin et fume sans complexe. Avec son fils, elle est sans pitié. « *Je suis né trois semaines après la date prévue. Ma* *mère raconte qu'elle allait à la clinique tous les jours* *parce qu'elle ne voulait pas que la "saleté" arrive à* *la maison. Ces trois semaines, je ne les ai jamais rat-trapées* », assure-t-il. Comme pour s'offrir une com-pensation à tant de dureté, Karl a fait de ses sœurs Théa et Christel les filles d'un premier mariage que Madame Lagerfeld « *oublie en pension à l'étranger* ». Bien sûr, précise volontiers le couturier, « *ma mère* *disait : "Si on est honnête, la psychanalyse ne sert à* *rien"… * ».

Patrick Hourcade, qui a côtoyé Elisabeth Lager-feld à Paris et à Grand-Champ, se souvient surtout d'une femme « *bien élevée, qui avait un grand sens* *de la conduite* ». Sous le pinceau de Karl, elle devient subjugante et castratrice, supérieurement intelligente et si peu maternelle. Pourquoi tient-il tant à dire que lorsqu'il a affiché sa vocation de couturier elle a rétorqué : « *Cela montre que tu n'as ni prétention ni ambition !* » ? Pourquoi assure-t-il qu'elle se fiche de ce qu'il dessine et n'a jamais mis les pieds à l'un de ses défilés, alors que tous ceux qui l'ont connue assurent qu'elle ne portait que des tenues Sonia Rykiel ou, plus souvent encore, celles signées par son fils ?

Il adore ces récits provocateurs qui laissent supposer une extraordinaire ascendance, une éducation d'un autre siècle, et contribuent à dresser un portrait fascinant du couturier lui-même. « *L'enfance décide* », a écrit Sartre dans *Les Mots*, l'un de ses livres préférés. En décrivant cette jeunesse qui ne ressemble à aucune autre, il prépare les esprits à convenir que l'adulte qu'il est devenu est bien hors du commun.

Saint Laurent répond toujours aux journalistes d'une voix chuchotante et va jusqu'à refuser l'accès de ses salons aux photographes : « *No flash, please.* » Karl Lagerfeld, c'est en apparence tout le contraire. Il livre à chaque apparition un nouvel épisode d'une vie fastueuse qui aimante le public et laisse dans l'ombre tout son mystère.

C'est la période où il devient plus fameux. La star du journal télévisé de 13 heures, Yves Mourousi, qu'il côtoie presque chaque soir au bar du Sept, le convie à « relooker » Dani, l'égérie des années 70, en vamp. Les portraits se multiplient. La société de cosmétiques Elizabeth Arden a signé un avantageux contrat avec Chloé pour le lancement d'un nouveau parfum qui portera le nom de la griffe et les propriétaires de Chloé, Gabrielle Aghion et Jacques Lenoir, ont accepté que Karl soit associé aux profits, non pas du prêt-à-porter, dont il est pourtant le directeur artistique, mais de la nouvelle fragrance. Pour son lancement aux États-Unis, Karl Lagerfeld est parti avec Jacques, et là aussi, de Los Angeles à New York, ses récits d'enfance, son duo avec Bascher, son aplomb médiatique ont vite contribué à le faire connaître.

Lorsque Elisabeth s'était installée définitivement à Grand-Champ, après son AVC, Karl avait laissé l'appartement de la place Saint-Sulpice à Jacques. Il loue désormais pour lui-même une aile puis bientôt l'ensemble de l'hôtel Pozzo di Borgo, 51, rue de l'Université. C'est un endroit somptueux que le couple Bergé-Saint Laurent avait eu la tentation d'habiter quelques années plus tôt. Lagerfeld l'a entièrement décoré dans le style XVIIIᵉ, tout en dorures et meubles de prix. Avec « Pozzo », il peut parfaire le récit recomposé de sa vie.

Aux journalistes qui découvrent, émerveillés, cette enfilade de salons qu'on croirait inspirée du château de Versailles, il fait parfois la surprise d'ouvrir une porte sur une petite chambre. *« Un lit à la polonaise, tendu de taffetas céladon assorti aux rideaux... bref une bonbonnière que n'aurait pas reniée Marie-Antoinette »*, découvre Virginie Mouzat, alors rédactrice de mode au *Figaro*. *« C'est ma chambre d'enfant »*, assure Karl. Au mur, il désigne alors à ses visiteurs un petit tableau, *La Table ronde*, une copie de la toile peinte par Adolph Von Menzel, un peintre berlinois du XIXᵉ siècle. Elle représente Frédéric II entouré d'amis, parmi lesquels Voltaire, que le roi de Prusse recevait au château de Sans-Souci.

« J'ai eu un véritable coup de foudre pour la copie

de la toile de Menzel », raconte-t-il. Et voilà un nouvel épisode au récit de sa vie. Selon les versions, il a cinq ans, parfois sept, réclame à ses parents l'achat de la copie, l'achète lui-même ou exige – nouvelle version – qu'on rouvre la boutique tout exprès pour lui le soir de Noël, préférant finalement obtenir le tableau plutôt que le valet de chambre qu'on lui proposait ! La toile, dit-il encore, lui a été envoyée avec les meubles de sa chambre d'enfant, juste après la mort de son père. Cette chambre d'enfant conservée à travers le temps figure désormais dans la plupart des portraits qui lui sont consacrés comme la preuve de son érudition précoce, son Rosebud, autant que la clé de la vie à laquelle il aspire.

Les travaux du château à Grand-Champ sont désormais terminés et l'endroit est splendide. Karl et Jacques s'y rendent presque tous les week-ends avec des amis, et parfois les rédactrices de mode que le couturier a besoin d'éblouir. C'est là que Lagerfeld travaille, au-dessus du parc planté de buis taillés comme à Versailles, et du nouveau bassin qu'il a fait creuser. Les invités se lèvent à 10 heures. Il les rejoint à 13 h 30 pour un déjeuner servi dans de la vaisselle fine et des verres Baccarat, et si ce n'était l'excentricité d'Anna Piaggi, on se croirait revenu au XVIIIe siècle au cœur d'une cour française. Karl s'est d'ailleurs fait une tête d'époque et reçoit vêtu d'une veste de soie, les cheveux noués en catogan, comme un gentilhomme d'autrefois.

Les paysans du coin n'en reviennent pas de voir cette petite assemblée qui déambule dans le parc, et se rend en Rolls le dimanche à la messe. Anna, surtout,

132

fait sensation. « *Elle mettait des heures à s'habiller, puis elle arrivait dans des tenues improbables que Karl adorait dessiner* », se souvient Patrick Hourcade. Lorsque Jacques organise des pique-niques de luxe, sur les plages de la côte d'Étel, elle revêt des costumes de bain insensés, sans crainte du ridicule. Mais les hommes ne sont pas en reste. Jacques en costume blanc et panama allant boire un verre au café du « *village* », comme il dit avec le ton condescendant d'un aristocrate pour les manants, c'est toujours un événement. Un jour, Karl a acheté pour ses invités une demi-douzaine de manteaux anciens en soie de Chine. La promenade dans le parc de la petite troupe fait sensation. « *Les gens ont pris Karl pour le chanteur grec Demis Roussos, au sommet des hit-parades de l'époque, accompagné de sa cour* », s'amuse Hourcade.

Un soir, Lagerfeld donne une fête sur les parquets blonds de la rue de l'Université. Perruque à rouleaux et catogan de velours noir, chemise blanche à jabot et culotte courte rouge, bas blancs et souliers noirs à boucles dorées, il a dessiné lui-même la livrée du personnel. Pour accueillir les invités, des laquais en veste à parements dorés portent des candélabres. Sur les buffets, des cygnes et un paon reconstitués, des homards soutenant des cornes d'abondance attendent les convives – Jean Seberg et Anna Piaggi, le styliste Tan Giudicelli qui vient de quitter Chloé, Gaby Aghion et Paloma Picasso, Manolo Blahnik et Helmut Newton, éblouis de tant de magnificence et un peu interloqués.

Tous ces décors, ces dîners aux bougies, ces convives au diapason tranchent avec la situation du pays. En 1976, la France a dépassé la barre du million de chômeurs, la sidérurgie s'est effondrée dans le Nord, la crise économique occupe tous les esprits. Mais Karl Lagerfeld continue de vivre dans un monde à part, celui des cours européennes peint par Menzel. « *Je n'ai jamais fait un lit de ma vie*, clame-t-il. *D'ailleurs, je n'ai même pas de clé.* » En vérité, il n'a jamais autant travaillé. Mais il affirme partout le rêve qu'il poursuit : « *J'aimerais vivre à la cour de Frédéric le Grand.* » Dans la presse américaine, on lui a trouvé un surnom qui correspond à ses rêves de grandeur : *Kaiser…*

Le matin du défilé Chloé, à 9 heures, Sonia Rykiel est toujours la première à lui téléphoner pour conjurer le mauvais sort : « Merde ! » Elle présente sa propre collection en fin d'après-midi et il enverra à son tour une brassée de fleurs blanches pour lui porter chance. Le public qui le découvre le croit antipathique ? Il est bon camarade avec les couturiers qu'il aime.

Karl aime cette styliste de trois ans son aînée, dont les mailles épousent si bien le corps des femmes émancipées. Elle est mincissime, drôle, disciplinée comme lui, pionnière, sans concession. Lors d'un de ses défilés, alors qu'elle est bien plus connue que lui en France, elle a habillé l'une de ses mannequins d'un short Kenzo et d'une blouse Chloé dessinée par Karl sur laquelle elle a épinglé son nom en grand, « Lagerfeld », pour que les photographes le voient.

C'est avec Sonia qu'il est parti en Asie pour un voyage organisé par la chambre syndicale de la couture. C'est chez elle qu'il vient souvent dîner, avec Kenzo et Jacques, bien sûr. Karl n'a pas tant d'amis dans la mode et Nathalie, la fille de Sonia, a le béguin pour Jako…

Pour les vingt ans de la jeune fille, le couturier lui a dessiné une robe. Une splendeur en soie revêtue d'inscriptions peintes à la main : « Vive Nathalie », « Vive l'amour ! » La robe est arrivée en retard, dans une énorme boîte en carton siglée Chloé. Lagerfeld y avait ajouté un dessin et un petit mot bien dans son esprit : « Tu peux même la porter pour dormir… »

10

En partant s'installer à « Pozzo », comme il appelle familièrement l'hôtel particulier de la rue de l'Université, Karl Lagerfeld a vendu les meubles et les vases de l'appartement de la place Saint-Sulpice ; tout cet ensemble Art déco qui avait servi de décor aux premiers reportages sur sa vie avec Jacques de Bascher. Régulièrement, il fait ainsi place nette entre les différentes périodes de son existence. Son couple a pris un nouveau cours. Ils sortent toujours ensemble dans les fêtes et les soirées parisiennes, mais leur complémentarité est devenue plus claire. Karl crée et paye. Jacques apporte la part de folie qui manque à sa réputation corsetée. Le Kaiser a son fou.

Place Saint-Sulpice, sur l'immense moquette noire désormais vide, Jacques a fait monter la Harley Davidson achetée par son mentor. Lagerfeld avait offert la même moto à son neveu, le fils de Christel, mais depuis que ce dernier s'est tué sur la route, il a exigé que son compagnon renonce à l'utiliser et l'engin a atterri au beau milieu du salon. Dans ce grand espace, les chromes rutilants provoquent toujours un drôle d'effet, surtout lorsque Jacques s'y installe, en pantalon de cuir et torse nu sous son regard dangereux de séducteur. C'est là qu'il donne rendez-vous à sa bande, un mélange d'intelligentsia homo, de petites gouapes levées sur le trottoir et de grandes folles réjouissantes.

Pour les trente-neuf ans de Kenzo, Karl a participé au dîner d'anniversaire de ce couturier japonais si aimable qu'on ne lui connaît pas d'ennemis. Mais pour la fête, c'est Jacques qui est aux manettes et il a convié chez lui, en vue des préparatifs, sa troupe de joyeux débauchés. « Vice Versa », c'est le thème de la soirée qui doit avoir lieu le 11 mars 1978. Les garçons en filles, les filles en garçons. Chacun se fera appeler du prénom de sa mère ou de son père, en tout cas du parent de sexe opposé. Jako est donc devenu « Armelle », mais sa tenue de soirée ne plairait sans doute pas à Madame de Bascher.

Place Saint-Sulpice, les six armoires qui abritent l'imposante garde-robe de Jacques paraissent avoir été éventrées et chacun a plongé pour trouver jupes et perruques, puisqu'il a toujours dans ses placards autant de costumes de ville que de déguisements. Jacques-Armelle s'est fait une allure de pensionnaire de maison close : corset, jarretelles et bas résille. Kenzo et son compagnon, Xavier de Castella, sont en gitanes, tout en jambes et talons hauts. Les autres portent des jupons de taffetas ou des mini en lamé.

Toute la troupe est partie ainsi accoutrée prendre l'autocar, loué tout spécialement et qui attend sur la place. La soirée doit avoir lieu dans la nouvelle boîte que le patron du Sept, Fabrice Emaer, vient d'ouvrir dix jours plus tôt, 8, rue du Faubourg-Montmartre : le Palace. « *Le Palace est d'abord un théâtre, il doit permettre aux gens d'être à la fois acteurs et spectateurs d'eux-mêmes. Le théâtre est un lieu libre, donc le Palace est un lieu de liberté* », proclame Emaer. Il faut croire qu'il a été immédiatement compris. Quelle arrivée ! Dans l'escalier qui mène au sous-sol, des dizaines de filles à voix de basse chaloupent en riant. Des torses velus explosent dans les corsets, Jacques s'est coiffé de grandes couettes d'adolescente, Kenzo a les paupières maquillées d'un fard bleu électrique. « *Mais la star était Mick Jagger, en perruque blonde et minijupe de satin bleu, sous un tee-shirt des Rolling Stones* », se souvient Philippe Heurtault qui photographie cette caravane baroque. Aux côtés du chanteur de « Sympathy for the Devil », le mannequin Jerry Hall porte un smoking, une fine moustache dessinée au-dessus des lèvres.

Karl n'est jamais de ces fêtes ou alors il en part trop tôt. Mais il adore les comptes rendus détaillés et pleins de verve que Jacques lui en fait. Ses descriptions scrupuleuses des tenues extravagantes, son sens de l'observation des accessoires et cette façon tordante de rapporter les potins ! Jako est sa meilleure vigie dans le monde de la nuit qui est souvent le même que celui de la mode. Sans doute son compagnon aimerait-il avoir une part plus importante dans la réussite du couturier. Mais que pourrait-il bien accomplir, ce joli garçon qui ne semble rien savoir faire d'autre que s'amuser ?

De Bascher a du style et des idées. Il entretient une relation suivie avec deux peintres qu'il admire, David Hockney et Francis Bacon, dont Karl – qui reste sourd à ses demandes – refuse de lui acheter le moindre dessin ou tableau. Mais il lui manque pour produire lui-même un livre, un film ou un tableau l'organisation, la méthode, le courage. En 1977, pour marquer le lancement de la collection de prêt-à-porter chez Fendi, le Kaiser a tout de même obtenu que la maison italienne commande à Jacques un petit film, le premier du genre, pour promouvoir l'esthétique de la marque. Le scénario est signé Jacques de Bascher mais il est bourré de références à Lagerfeld : une jeune Américaine fait croire à ses parents qu'elle est en cure à Baden-Baden, la ville thermale allemande, alors qu'elle flâne à Rome, habillée en Fendi. Elle s'invente aussi un chat, appelé Karl, et si elle n'essayait pas nue les fourrures dessinées par Lagerfeld, on ne verrait pas quel est l'apport de Jacques. C'est lui, cependant, qui a choisi le titre, *Histoire d'eau,* comme une référence gentiment provocante à *Histoire d'O*, le film érotique de Just Jaeckin sorti deux ans plus tôt.

« *Le tournage a été infernal,* racontera plus tard Lagerfeld à Marie Ottavi, biographe de Jacques de Bascher. *Jacques commençait à travailler vers 17 ou 18 heures. Il dormait toute la journée. Il arrêtait tôt pour sortir ensuite dans la nuit romaine. De mon côté, je ne le voyais que lorsqu'il avait dessaoulé.* » Ce sera en tout cas la dernière tentative de Karl pour l'introduire dans son domaine. Même écrire un article pour un de ces magazines branchés qui fleurissent à Paris paraît au-dessus de ses forces. Chaque fois, Jacques s'y met. Chaque fois, il renonce devant l'effort. Karl, après l'expérience romaine, préfère lui donner l'argent qu'il devient inutile de gagner. Et le vice de l'oisiveté l'emporte.

Lagerfeld est tout le contraire. Il se lève lorsque son ami se couche. Son plaisir à lui, c'est le travail. Chez Chloé, il a si bien surpassé tous les stylistes autour de Gabrielle Aghion que tous ont jeté l'éponge pour le laisser seul aux commandes. Il règne donc en maître sur la maison et en a fait la marque la plus emblématique des années 70. Avec ses collaborations pour une trentaine d'autres marques – vêtements, lingerie, chaussures, accessoires, décoration –, il est sans aucun doute le styliste le plus productif de Paris.

Une telle capacité de travail suppose une discipline hors pair. Dans ses studios, pas de cris ou de démonstrations d'hystérie. Hormis son retard, quasi maladif – il arrive généralement aux rendez-vous deux ou trois heures après le moment prévu –, il n'a aucun des travers des créateurs. Mieux, il peut dessiner sa collection, superviser les essayages et se faire relire le communiqué de presse en même temps. Intelligent, il surveille toutes les tendances, s'inspire de ce qu'il voit, absorbe, digère, selon ce formidable processus de synthétisation appris d'Antonio Lopez. Toujours en éveil, toujours à l'affût. « *Pendant les collections, il faisait embaucher des couturières intérimaires qui passaient de studio en studio*, se souvient Anita Briey, alors modéliste chez Chloé. *Du coup, il savait ce qui se passait dans toutes les maisons. »*

Certes, il n'a pas à son actif de créations qui l'identifient. Pas de smoking au féminin ou de saharienne, pas de robe Mondrian ni de mode rétro, toutes ces trouvailles qui font le « style Saint Laurent ». Mais la plupart des vêtements dessinés par Lagerfeld sont des succès commerciaux : sa jupe « Accent », juste après les mini de Mai 68, ses robes baby doll, ses petits blousons de vison, ses robes de soie destructurées et ses empiècements de dentelle, inspirés de la lingerie d'Anna Piaggi, ont bâti sa fortune. Karl a cependant un sens trop aigu de l'époque pour ne pas comprendre qu'il manque à son image ce piment qui le placerait au cœur de ces années 70 déjantées.

Tout le monde couche avec tout le monde, au Sept et au Palace. Tout le monde se drogue, aussi. Ceux qui tentent de décrocher sont obligés de fuir, sous peine de retomber. Corey Tippin a fait ses adieux à Paris, *« trop défoncé*, dit-il, *pour tenir le rythme de ces fêtes ruineuses et folles »* qui menaçaient de le détruire. Il n'est pas le seul à tenter de se sauver. *« En 1975, j'avais vingt-six ans mais j'étais déjà si gravement accro à l'héroïne qu'un ami m'a conseillé une cure de désintoxication*, raconte Thierry Ardisson, qui fréquente alors assidûment le Sept. *Je suis parti trois mois à Santa Barbara, en Californie. En rentrant, j'ai changé complètement de milieu. »* Les autres, comme Jacques de Bascher, naviguent entre les paradis artificiels.

« Il sortait avec, dans la poche de sa veste, une

bouteille de Coca-Cola remplie de cocaïne, qu'il aspirait avec une paille »*, rapporte Philippe Heurtault.
Jacques a de plus en plus besoin d'argent pour payer
sa poudre blanche. Il boit des quantités impression-
nantes de whisky. Mélange les pilules, l'alcool et les
poppers. « *Il y avait quelque chose de morbide et de
suicidaire en lui et, malgré sa séduction, c'est cela
qui vous restait comme impression* », note Frédéric
Mitterrand, qui fréquente à cette époque les mêmes
boîtes et les mêmes fêtes.

Karl Lagerfeld, lui, ne succombe jamais. Un verre
de vin et il a déjà le sentiment de perdre le contrôle.
« *Je suis un calviniste attiré par le superficiel* »,
proclame-t-il. Avec sa mère, il s'est créé une sorte
de surmoi. Avec Jacques, il vit pulsions et fantasmes
par procuration. « *Je n'ai pas son appétit pour toutes
ces choses qu'il prend*, dit-il, *mais c'est communica-
tif.* » On ne saurait être plus explicite. « *Lagerfeld et
Saint Laurent avaient tous deux des éminences grises
qui plongeaient dans le monde nocturne, y vivaient à
leur place et leur rapportaient l'air du temps* », reconnaît Paquita Paquin, à l'époque physionomiste du
Palace.

Après le tournage catastrophique d'*Histoire d'eau*,
Karl a décidé de laisser Jacques développer son
talent dans ce qu'il sait le mieux faire. De plus en
plus, il lui demande donc d'organiser des soirées en
son nom. Il commande et paie, et son compagnon
plonge dans de délirants projets. Pour leur premier
essai, le Kaiser a réclamé « *quelque chose qui marque
les esprits* » et son éminence a suggéré une fête si
folle que quarante ans après, c'est toujours elle que

l'on évoque, en frémissant d'un mélange de fascination et de dégoût.

La fête doit avoir lieu le soir même du défilé Chloé qui clôt la semaine du prêt-à-porter. « *Karl Lagerfeld et Jacques de Bascher vous convient, le 24 octobre 1977, à la soirée Moratoire noir(e). Tenue tragique noire obligatoire* », indique le carton d'invitation envoyé à… 4 000 personnes. Il a fallu voir bien plus grand que la minuscule piste de danse du Sept et Jako est parti en Rolls jusqu'à Montreuil visiter un ancien entrepôt redécoré par Philippe Starck, qui accueille tous les soirs, sur du funk et de la musique africaine, tous les sapeurs blacks des environs de Paris : La Main bleue.

Comme toujours, Karl Lagerfeld a tout financé. Qu'importe le prix exorbitant. Il a toujours dépensé sans faire de placements. « *Je déteste les riches qui vivent en dessous de leurs moyens* », assure-t-il en seigneur. Avant même de débuter, le parfum de scandale afflue partout. On dit que la fête a été imaginée en l'honneur du terroriste allemand de la Fraction armée rouge, Andreas Baader, qui vient de se suicider en prison. Comme si l'élitiste Lagerfeld et le monarchiste de Bascher pouvaient rendre hommage à un « révolutionnaire » d'extrême gauche…

Est-ce pour cela que le couturier ne fait qu'une apparition au début des réjouissances, visage blanc et cape noire de Dracula ? Ou parce qu'il a tout de suite mesuré le tour qu'allait prendre la soirée ? Jacques et Xavier de Castella, le compagnon de Kenzo avec lequel il est très lié, accueillent leurs invités en tenue d'escrime blanche dont ils ont peint, les jours précédents, les manches à la bombe rouge fluo. Ils sont ainsi les seuls à ne pas porter ce deuil « tragiquement noir » imposé à leurs invités. Arrivés tous deux avec une mantille sombre sur la tête, afin qu'on ne les reconnaisse pas, Jacques arbore maintenant son sourire diabolique et Xavier une de ces cagoules en cuir sadomaso avec des trous pour la bouche et les yeux. Éros et Thanatos réunis.

« *C'était une fête que nous n'aurions ratée pour rien au monde*, rit Paquita Paquin. *Mais ce n'est que dans les journaux du lendemain que nous avons réalisé ce qui s'était passé.* » Sur la scène, en tutu noir, l'écrivain Pierre Combescot a entrepris de danser *Le Lac des cygnes*. L'acteur franco-italien David Pontremoli, un beau blond à la filmographie médiocre, chante « Una lacrima sul viso » en fouettant un garçon à ses pieds. La jeune Maria Schneider, héroïne quelques années plus tôt du *Dernier tango à Paris* de Bernardo Bertolucci, promène ses boucles brunes parmi les convives surexcités. Tout le monde boit le vin blanc produit au domaine des de Bascher, à la Berrière, qui décuple l'effet de la cocaïne, de l'héroïne, des Mandrax et de la fumée des poppers. « *C'est une débauche de robes de deuil et de garçons en cuir noir*, écrit Alain Pacadis le surlendemain dans *Libération*. *Le vin coule à flots et, sur scène, des lutteurs sortis de* Star Wars *combattent avec des torches. Il y a des scènes de fist fucking et des travelos rétro. Il n'y a jamais eu à Paris autant de mecs en cuir noir rassemblés au même endroit.* »

Ce n'est pas pour déplaire à Karl Lagerfeld. Jamais il n'a voulu suivre la moralité bourgeoise. Malgré le choc – une bonne moitié des invités a quitté La Main bleue, horrifiée, au milieu de la soirée et la mairie de Montreuil veut fermer ce lieu de débauche dès le lendemain –, le récit du Moratoire noir(e) alimente bientôt toutes les conversations. « *C'est sans doute l'une des fêtes les plus réussies de l'année avec le mariage de Loulou de la Falaise* », concluait l'article de Pacadis. Il est donc parvenu à égaler le clan Saint Laurent. Plus encore, la fête n'est qu'un avant-goût de la période qui s'ouvre avec ses boîtes gays et la diffusion de la culture homo. « *Au fond, le Moratoire a été le premier backroom de Paris* », remarque Paquita Paquin. Voilà ce que veut Karl : anticiper l'air du temps.

En 1975, le reporter d'*Interview*, André Leon Talley, qui deviendra bientôt l'un des éditeurs du *Vogue* américain, impressionné par le duo du couturier et du dandy, avait demandé si l'on pouvait considérer leur mode de vie comme décadent. « *Aux États-Unis, la décadence a des connotations de camelote, de pornographie, de saleté,* avait répondu Jacques. *Décadent, c'est tout autre chose, c'est une façon de tomber en beauté.* »

Après Montreuil, c'est au Palace qu'on rapatrie les plus belles fêtes. Guy Cuevas, l'ancien DJ du Nuage, officie aux platines et sa collection de disques n'a alors aucun équivalent en France, mélangeant le funk, la soul et les rythmiques caribéennes, les sons venus du Brésil et bientôt le disco qui devient la bande-son des années 70. C'est lui qui a eu l'idée de mixer « La Vie en rose » pour Grace Jones, qui a propulsé la sublime chanteuse noire en icône lors de la soirée d'ouverture du Palace. Depuis, Fabrice Emaer cherche chaque soir une idée nouvelle pour que sa boîte de nuit tienne son rang.

Est-ce la réputation du Moratoire qui a provoqué son effet ? Le 12 avril 1978, c'est à Jacques que le patron du Palace demande d'organiser un bal masqué. « Anges et Démons », ce sera le thème des masques. Ces fêtes, c'est l'occasion de réunir tous les clans. On peut bien se haïr ou rivaliser, le monde de la mode est si confiné que tout le monde se retrouve toujours au même endroit pour dîner et danser.

Le jour dit, une foule de chérubins et de diables se pressent devant l'entrée. Loulou de la Falaise arbore des ailes rouge et doré imaginées par Saint Laurent, son mari Thadée Klossowski est en blanc, coiffé d'une couronne de plumes immaculées. Long chapeau pointu et ample cape noire, Lagerfeld s'est déguisé en Nostradamus ou Merlin l'enchanteur, Anna Piaggi en gorgone, François-Marie Banier en magicien. La très jeune Eva Ionesco – treize ans ! –, dont la mère expose les photos érotiques dans les galeries parisiennes sans que personne ne s'en émeuve, surgit en elfe dénudé. Au milieu des fées et des diablotins, étrennant une coiffe de plumes bleues, roses et mauves, Jacques s'est déguisé en Icare…

Il se brûle, c'est certain. Mais si Karl lui a interdit la moto, il s'abstient de condamner cette destruction à grand feu dans la coke et la nuit. C'est aussi qu'il y trouve son intérêt. « *Ces fêtes étaient un lieu d'invention folle*, s'amuse le designer Vincent Darré. *Nous* passions des jours et des jours à chiner aux puces pour nous déguiser en prévision des soirées. On s'habillait pour faire flasher les stylistes et l'on retrouvait parfois nos tenues dans leurs défilés. »

À cet égard, il faut distinguer, dans la longue chronique des fêtes de l'époque, le bal vénitien lancé par Fabrice Emaer et financé par Lagerfeld, le 25 octobre 1978, un an après la fête du Moratoire noir(e) et son exact contraire. « *De la cité des doges à la cité des dieux* », mentionne le carton en forme de loup laqué noir. Les déguisements sont délirants. Jacques s'est fait confectionner en contreplaqué, au-dessus de son pourpoint de velours, une coiffe d'un mètre soixante-dix de long représentant le pont du Rialto. Un petit rideau de toile lui permet de découvrir ou de cacher son visage. Le danseur Rudolf Noureev est en Pierrot blanc. Anna Piaggi en pêcheuse vénitienne, un plateau de vrais fruits de mer fixé en haut de son crâne qu'il faudra jeter en milieu de soirée tant la chaleur de la fête a fait tourner les mollusques. Le moins déroutant est encore Lagerfeld. Kaiser Karl a conservé son catogan et son éventail, et s'est dessiné un tricorne et un long habit Renaissance, des bas blancs et des chaussures.

Pour pimenter la soirée, Fabrice Emaer a demandé à Jenny Bel'Air, le travelo le plus spectaculaire du Palace, d'arriver au moment clé de la soirée sur une gondole juchée sur les épaules de porteurs. Le bateau n'a pas fait dix mètres que le groupe a trébuché et Jenny s'est retrouvée la robe relevée, montrant qu'elle est bien un homme, malgré les apparences.

Toutes ces fêtes où l'essentiel est de paraître dans ses plus extraordinaires atours paraissent bien loin de la réalité du pays. Mais Karl Lagerfeld y a gagné une réputation d'aristo-punk, de styliste dans l'air du temps, de professionnel rigoureux et de figure de la jet-set.

Le 10 mai 1981, la plupart des rich and beautiful people ont voté pour Giscard et la victoire de François Mitterrand a jeté comme un froid au cœur de leurs soirées dispendieuses. On ne parle plus qu'impôts autour des tables du Privilège, ce club élitiste que Fabrice Emaer vient d'ouvrir pour combler les déficits du Palace. Guy et Marie-Hélène de Rothschild, dont les fêtes étaient si courues, sont déjà partis à New York et Helmut Newton a choisi l'exil fiscal à Monaco.

Et Lagerfeld ? « Je ne possède rien, je touche un pourcentage sur tout », a-t-il coutume de dire. Le Women's Wear Daily (WWD), qui publie une enquête sur la fortune des créateurs du prêt-à-porter en 1981, l'inscrit tout de suite dans son classement. « Rich, rich, rich, rich, rich, rich, rich », c'est le titre de l'article et ses chiffres sont ébouriffants. Si Pierre Cardin, avec ses multiples licences, est le plus prospère (8 à 9 millions de dollars par an), Hubert de Givenchy, Saint Laurent et Pierre Bergé arrivent juste derrière (environ 4 millions chacun). Lagerfeld est cinquième. Le journaliste a calculé qu'il devait gagner quelque 3,5 millions de dollars par an.

« Tu devrais venir nous rejoindre sur le Rocher », a proposé Helmut Newton. Trois mois après l'arrivée des socialistes, le couturier est devenu à son tour résident monégasque. Désormais, il loge au sommet du Roccabella, une tour où il a choisi deux appartements sur le même palier, dominant la Méditerranée. L'un est pour Jacques, l'autre pour lui. Newton, qui habite un peu plus haut, s'est acheté une longue-vue « pour regarder chez Karl ». Il y voit passer, assure-t-il, toutes les célébrités.

11

Les frères Alain et Gérard Wertheimer sont secrets. Les richissimes propriétaires de Chanel ne donnent jamais d'interview. Les rares photos d'eux sont prises à la volée. Même ceux qui les croisent sur les champs de courses ou aux défilés haute couture de leur maison – toujours placés au quatrième rang, un peu en surplomb – ne peuvent en dire que des banalités. *« Ils parlent peu et celui qui a le plus de contacts avec eux est sans doute l'entraîneur de leurs chevaux »*, assure un intime. Le bruit court qu'un jour où Chanel avait organisé un événement à New York, dans Central Park, l'un des frères, qui avait oublié son invitation, ne put rejoindre les invités : personne à l'entrée n'avait su l'identifier. Il faut donc s'en tenir à la version de Karl Lagerfeld pour raconter son recrutement chez Chanel.

« Un jour, j'ai reçu un coup de fil de Kitty d'Alessio… » Nous sommes en 1982, la directrice de la mode aux États-Unis pour Chanel veut le sonder. Cela fait déjà quelques années que cette brune raffinée observe le styliste allemand dont elle apprécie les robes et les fourrures sur la plupart des élégantes américaines.

À New York et à Paris, Lagerfeld l'a conviée plusieurs fois à ses dîners et à ses fêtes et l'entregent de Karl, sa conversation éblouissante et la richesse de sa clientèle ne lui ont pas échappé. Au quarantième étage du building du 9 West 57th Street, le quartier général de Chanel, Kitty d'Alessio est aux premières loges pour contempler à travers les baies vitrées les ramures des arbres de Central Park et, dans les bureaux feutrés, les questionnements stratégiques de ses patrons.

Huit ans auparavant, Alain Wertheimer a repris la direction de la maison familiale, après avoir obtenu du conseil d'administration qu'il déclare incompétent son propre père, Jacques, bientôt placé sous curatelle, qui vit dans son appartement de l'avenue Foch entouré d'œuvres d'art et sans regrets. À trente-quatre ans, l'aîné des Wertheimer a déjà restructuré sans éclats l'entreprise, réintégré la fabrication et la distribution du prêt-à-porter, redonné du prestige aux parfums – le N° 5 reste le must de la maison – en arrêtant leur vente en drugstore. « *Ce garçon est secret sans peine*, disent d'Alain Wertheimer ses rares intimes. *Il est secret sincèrement. C'est une ligne de conduite pour lui. Et, à ce point, presque une philosophie.* » Mais la directrice de la mode sait qu'il cherche maintenant à rénover la couture et à donner à l'entreprise une image globale de luxe. Et c'est pour accomplir cette ambition qu'elle a pensé à Lagerfeld.

Comment le directeur artistique de Chloé et de Fendi résisterait-il aux sirènes de Chanel ? À Paris, une nouvelle génération de créateurs est arrivée.

Claude Montana, Thierry Mugler, Azzedine Alaïa, mais aussi des Japonais comme Rei Kawakubo, la fondatrice de Comme des garçons, ou Yohji Yamamoto sont en train de bousculer la mode et Karl Lagerfeld n'a jamais craint autre chose que d'être dépassé.

Chanel est une marque illustre et vieillissante, mais les Wertheimer sont riches. Bien plus que Gabrielle Aghion, la créatrice de Chloé, et les sœurs Fendi réunies. Et puis, Karl a beau ne jurer partout que par le prêt-à-porter, c'est une maison qui a gardé ses ateliers de haute couture. Y entrer, ce serait enfin revenir par la grande porte dans cette élite de la création qui, croit-il, continue de le snober.

Lagerfeld sait surtout ce que représente la maison de la rue Cambon pour Saint Laurent, cet éternel rival. En 1968, répondant au questionnaire de Proust, à l'interrogation « *Quelles sont vos héroïnes dans l'histoire ?* », le prince de la mode avait affirmé sans hésiter : « *Gabrielle Chanel.* » C'est lui que, la même année, « la Grande Mademoiselle » avait désigné comme son héritier spirituel. Lorsque Coco est morte en 1971, dans sa suite de l'hôtel Ritz, c'est encore sur Yves que les photographes du monde entier se sont arrêtés, descendant les marches de l'église de la Madeleine, à l'issue de la cérémonie funèbre. Devenir le successeur de Chanel, Karl le devine avec une joie secrète, c'est une revanche que le duo Saint Laurent-Bergé devra encaisser.

En ce début des années 80, cependant, les productions de la maison sont largement démodées. Il n'y a guère en France que Simone Veil, Marie-France Garaud et l'épouse de l'avionneur Marcel Dassault pour poser dans les magazines avec le fameux tailleur gansé. Le succès des parfums ne se dément pas, mais alors qu'un président socialiste vient de conquérir l'Élysée, la haute couture fleure les années Pompidou et Giscard : une époque révolue.

Dans les salons de la rue Cambon, les clientes viennent faire les essayages dans une ambiance feutrée. En 1973, lorsque Marie-Louise de Clermont-Tonnerre y est entrée pour superviser le service de presse, elle a été frappée par cette atmosphère de sanctuaire. *« Quand mes amis me demandaient quel effet cela me faisait d'être passée de Cardin à Chanel, je répondais : "J'ai l'impression d'entrer dans une banque protestante…" »* « Monsieur Jean » et « Madame Yvonne », deux premiers d'atelier, règnent sans fantaisie sur les ouvrières de la couture et si Philippe Guibourgé, un ancien de chez Dior, a lancé le prêt-à-porter, personne n'est encore parvenu à redonner vie au style Chanel.

À l'étranger, il en va de même. *« Un an avant l'arrivée de Karl, j'avais fait un sujet pour* [le magazine allemand] *Stern, photographié par Peter Lindbergh : "Les dix classiques de la mode", le trench, la chemise blanche,* raconte Florentine Pabst, l'amie allemande de Lagerfeld. *Lorsque j'avais proposé le tailleur Chanel, Lindbergh m'avait répondu : "Ça existe encore, ce truc ?" »*

De New York à Paris, Kitty d'Alessio a constaté la renommée et le succès de celui qu'on surnomme maintenant couramment le Kaiser. Ancienne publicitaire, elle mesure mieux que personne l'importance croissante de « la marque » pour vendre un produit. Avec ses « looks », sa culture, son travail de styliste pour Chloé et Fendi, et ses nombreuses collaborations en Europe et au Japon, Lagerfeld est le seul, Saint Laurent excepté, à être connu à l'étranger. Il a quarante-neuf ans, c'est le moment de changer.

« *J'ai rencontré Alain Wertheimer dans sa maison à Londres et nous avons longuement discuté*, raconte Karl Lagerfeld. *J'avais vu la façon dont, à la fin de sa vie, Gabrielle Chanel s'était soudain coupée de son époque en critiquant les jeans et les minijupes, que la jeunesse du monde entier aspire à porter. C'était comme si elle avait signé son arrêt de mort. Mais je connaissais bien son univers...* »

Sans doute est-ce cela qui rassure d'abord Alain Wertheimer. Choisir un Allemand pour incarner une marque si française, c'est osé. « *Il en sait plus sur Chanel que moi-même* », confie cependant le propriétaire de la maison à ses proches. Et puis, Karl a déployé tout son charme et son savoir. « *À la fin de la discussion*, assure Lagerfeld, *il m'a dit : "Faites ce que vous voulez, mais si cela ne marche pas, je vends !" Et j'ai répondu : "Écrivez dans le contrat le 'Faites ce que vous voulez'"* ! »

Le 15 septembre 1982, le communiqué publié par Chanel est prudent et flou : « *La vie et l'imagination de la collection haute couture Chanel bénéficieront de l'orientation artistique de Karl Lagerfeld à partir de janvier 1983.* » Les conditions financières du contrat, en revanche, paraissent exceptionnelles : un million de dollars pour deux collections de couture par an et le prêt-à-porter Chanel, croit savoir le *Women's Wear Daily*, la bible américaine de la profession.

Lagerfeld a aussi négocié 100 000 dollars en vêtements pour habiller les « *éditrices de la presse mode et des amies* ». Il sait bien comme il importe de soigner celles qui iront ensuite vanter ses robes dans les médias et les soirées mondaines, et c'est là que l'on reconnaît son génie de la communication. « *Je n'aime travailler que pour de grosses sociétés qui ont un grand pouvoir publicitaire* », assure-t-il au *WWD* la semaine précédant sa première collection haute couture. Il a bien l'intention de donner à sa collaboration une visibilité dans le monde entier.

Comme à son habitude, Karl n'a rien laissé au hasard. Les mois précédents, il a loué rue de Rivoli, à deux pas de la rue Cambon, un vaste appartement où il a installé son assistant Hervé Léger qui doit s'occuper officiellement du prêt-à-porter en attendant la fin du contrat d'exclusivité, en décembre 1983, de Lagerfeld avec Chloé. Puis il s'est plongé dans les archives.

Ce n'est pas seulement l'histoire de Coco qu'il veut absorber. Celle-là, il la connaît déjà. Il sait comme elle s'est réinventé un passé, un père aventurier parti faire fortune à New York, pour mieux cacher une enfance d'orpheline placée comme petite bonne dans des familles de cultivateurs. Il a lu mille choses sur sa « mythomanie » et ses mensonges. La mère d'Alain Wertheimer, Éliane, lui a raconté comment, pendant la guerre, elle a tenté de récupérer auprès des autorités allemandes d'occupation la propriété des parfums Chanel « *puisqu'ils sont la propriété de juifs* », plaidait-elle sans vergogne, et que les Wertheimer avaient fui les nazis aux États-Unis.

Éliane Heilbronn est avocate. Son divorce d'avec

Jacques Wertheimer, le père d'Alain et Gérard, puis son remariage ne l'ont pas éloignée de la maison où elle conseille ses fils sur les affaires juridiques. Le contrat mirifique de Karl, c'est elle qui l'a supervisé. Tout de suite, il lui a plu avec sa culture et sa drôlerie. Qu'il veuille tout savoir de Gabrielle Chanel, y compris le moins reluisant, elle le comprend et souvent, elle lui raconte ce qu'on ne trouve pas dans les livres : la mémoire que les Wertheimer ont gardée de la couturière qu'ils continuèrent de financer, bien après qu'elle eut tenté de les spolier.

Ce que cherche Karl Lagerfeld, cependant, c'est d'abord l'essence d'un style. L'ADN de la marque. Chanel est un héritage écrasant. Partout dans le monde, des femmes portent encore ses tailleurs ou, hommage ultime, les copies de ses pantalons à pont sous une marinière. La voix de Marilyn susurrant qu'elle ne porte pour dormir qu'un peu de N° 5 a donné une pointe d'érotisme au nom, mais la maison collectionne avant tout des classiques qu'il va falloir réinventer.

Comme prévu, l'annonce de l'arrivée de Lagerfeld chez Chanel a secoué toute la planète mode. Saint Laurent, bien sûr, dont l'addiction aux drogues et à l'alcool n'a pas encore altéré le talent, mais dont tout le milieu connaît les phases de dépression qui le laissent hagard des journées entières. Il a pris la nouvelle comme un « coup de poignard », a tout de suite compris son clan. Pierre Bergé a dû lui aussi ravaler ses vacheries méprisantes à l'égard de Karl maintenant que celui-ci revient dans la haute couture. Le choc touche aussi les clientes traditionnelles de

Chanel, dont beaucoup ont connu personnellement la Grande Mademoiselle. Gabrielle Aghion, enfin, est frappée. Perdre Karl Lagerfeld, c'est forcément perdre celui qui a placé Chloé sur la voie du succès. Le jour du dernier défilé Chloé, les ouvrières pleurent. Une grande toile a été tendue, au fond du podium. Une main y a peint un petit aéroplane, conduit par un aviateur à catogan, qui décolle vers le ciel.

Au sein de Chanel aussi, chacun attend le couturier. Pour offrir à Karl Lagerfeld la liberté qu'il demande, Alain Wertheimer a pris soin de faire partir tous ceux qui pourraient freiner le couturier. Le contrat de Philippe Guibourgé, à la tête du prêt-à-porter, n'a pas été renouvelé. « Monsieur Jean » et « Madame Yvonne » ont été poussés à la retraite. Le service de presse a été étoffé. Seul Jacques Helleu, le raffiné directeur artistique des parfums et de l'horlogerie, a pu préserver son pré carré. Avec sa culture, son sens de l'esthétique et son intuition du marketing, il est l'un des rares à pouvoir rivaliser avec Karl. Grâce à lui, Helmut Newton et Richard Avedon ont signé les plus belles campagnes et Catherine Deneuve est devenue l'égérie des parfums. Wertheimer ne prendrait pas le risque de le déstabiliser. « *Helleu était puissant et le N° 5 faisait encore le gros du chiffre d'affaires de la maison*, note le parfumeur Jacques Polge entré chez Chanel en 1978 et qui prépare alors le lancement du nouveau "jus", Coco. *Et puis, nous étions installés à Neuilly, autant dire la province pour ceux de la rue Cambon...* »

Le 25 janvier 1983 arrive enfin. Ce jour-là, Isabelle Adjani apparaît parmi les premiers rue Cambon, son regard bleu caché derrière des lunettes noires. Suivent l'acteur Jean-Claude Brialy, Paloma Picasso, la parfumeuse Hélène Rochas. Les d'Ormesson, Claude Pompidou et la baronne Marie-Hélène de Rothschild, fidèles de Gabrielle Chanel, paraissent mener la petite troupe des clientes. Une foule de rédactrices de mode a débarqué d'Amérique et d'Europe.

Karl Lagerfeld n'ignore pas qu'il est attendu au tournant. Un couturier de prêt-à-porter peut-il faire revivre la haute couture ? Un homme peut-il remplacer l'une des rares femmes à avoir été célèbres dans ce milieu ? Un Allemand peut-il incarner l'essence même de la mode française ? Voilà les questions qui depuis des mois alimentent les débats autour de sa nomination.

Pour faire taire les polémiques sur sa nationalité, le Kaiser a prévu d'ouvrir son premier défilé par trois mannequins, l'une en tailleur bleu, la deuxième en blanc, la dernière en rouge, sur des airs d'Édith Piaf et de Charles Trenet. « *Douce France, cher pays de mon enfance...* » Les jupes ont un peu raccourci, juste en dessous du genou, les épaules sont plus structurées, la cravate très « Mademoiselle » a été remplacée par des foulards noués sous des colliers de perles. « *J'ai gardé l'esprit Chanel, mais je lui ai donné un petit côté* up to date », indique Karl Lagerfeld aux télévisions. En costume rayé de banquier et grosses lunettes d'aviateur, il paraît cependant emprunté, dans un style qu'il n'a pas encore digéré.

Le lendemain, la presse est mitigée. « *Est-ce de lui, est-ce d'elle ? Chaque modèle soulève la même ques-*

tion », s'interroge Janie Samet dans *Le Figaro*. « *Kaiser Karl a commis trop de Chanel à ne pas imiter et pas assez de Chanel à imiter* », assène le *Women's Wear Daily* qui assure que « *Lagerfeld piétine. Personne ne peut remplacer Chanel, pas même le Kaiser Karl, et personne ne devrait s'y essayer* ». Le reportage du journal télévisé d'Antenne 2 n'est pas plus aimable : « *Désormais, le comble du look sera de porter un faux Chanel exécuté dans les ateliers mêmes de la maison Chanel* », affirme avec acidité la journaliste.

« *Il a un bon sens de Chanel, mais il n'est pas encore achevé* », remarque Marie-Hélène de Rothschild, une des plus fidèles clientes de la maison, autrefois habillée par Coco en personne. Citée par le *WWD*, elle précise : « *Il faut que quelqu'un lui parle un peu plus d'elle. Ses proportions étaient d'une telle perfection… Mais personne n'aurait pu y arriver du premier coup. Cela viendra.* » Voilà toute la difficulté pour Lagerfeld : on attend de lui à la fois une redite et un changement.

Il faut s'arrêter un instant sur ce défi. Car c'est là qu'il excelle, lui qui aime les « *exercices de style* », cette façon de broder la modernité sur un patron classique. C'est un caméléon. Chez Balmain, Patou, Chloé, Fendi, il s'est à chaque fois coulé dans une maison qui n'était pas la sienne et en a sublimé l'esprit. Depuis toutes ces années passées à lire, à collecter des images, à se nourrir de photos et de peinture, il a retenu les ADN de chacun de ses confrères. C'est un homme qui a en mémoire toute l'histoire de la mode depuis les années 20, dit-on.

Ralph Toledano, actuel président de la chambre syndicale de la haute couture, qui fut le directeur général de la maison Karl Lagerfeld, se souvient parfaitement de cette veille du premier défilé de Gianfranco Ferré pour Dior, en 1989. Chacun s'interrogeait : « *Que va faire Ferré ?* » Alors, raconte-t-il, « *Karl a pris ses feutres et ses pastels et a commencé à dessiner. Les tailleurs, les robes et robes du soir, toute la collection Dior par Ferré* ». Il ne s'est pas arrêté là, poursuit Toledano : « *Un autre a demandé : "Et Saint Laurent ?" Et il a fait de même. "Et Sonia Rykiel ?" Pareillement. Tout était parfaitement "à la manière de"…* »

Après ce premier défilé en demi-teinte, Karl Lagerfeld se replonge dans les archives de la maison et dresse de façon plus systématique la liste des inventions iconiques de Coco. Puis il y introduit ce brin de subversion que l'époque attend. Au Palace, il a déjà vu des filles sublimes danser avec la fameuse veste gansée, chinée aux puces et coupée à la longueur d'un petit blouson. Comme toujours, Karl use de ses souvenirs comme d'un suc inspirant. Il mélange le jour et le soir, le cher et le pas cher. La veste de tailleur en tweed, d'accord, mais raccourcie et portée sur un jean. Le fameux camélia que Gabrielle aimait tant, très bien, mais en broche de celluloïd ! Il opte pour les jupes courtes, abuse des sautoirs. Le canotier, la perle cerclée d'or, le nœud de satin noir, le sac matelassé muni d'une chaîne, tout est là, mais tout est transformé. Il n'a jamais reculé devant ces anachronismes. Chez Chloé, déjà, il avait fait défiler ses mannequins en robe du soir portée avec une paire de tennis en toile blanche. Bientôt, il fera défiler Claudia Schiffer en bikini siglé des deux « C » entrelacés.

Comme toujours, pour la presse, il a résumé sa stratégie par une phrase de Goethe, puisée autrefois dans la bibliothèque reliée de ses parents : « *Il faut faire un meilleur avenir avec les éléments du passé.* » Et cela marche. « *Karl va nous apprendre la mode* », avait confié Alain Wertheimer à Jacques Polge, le parfumeur de Chanel. Le propriétaire de la maison a eu du flair : dès l'année 1984, les ventes s'envolent.

Les ouvrières des ateliers ont tout de suite adoré Lagerfeld. Ce sont des femmes – et parfois quelques hommes – hautement qualifiées qui repèrent vite l'arrogance des incompétents. Il n'a pas fallu longtemps à Karl pour les convaincre qu'il connaît parfaitement le métier. Gabrielle Chanel était une peau de vache. Acariâtre et dure avec les couturières. Il fallait la voir fumer en coupant directement sur le mannequin cabine les trois mètres de tissu nécessaires à la confection d'un tailleur.

Les croquis de son successeur sont précis, montrant bien les découpes, la longueur d'un dos, le détail d'une emmanchure. Lorsque Karl vient pour l'essayage, il fait toujours asseoir la première d'atelier – « Madame » Jacqueline, Olivia, Cécile ou Josette – pour connaître son avis. Il aime leur façon de se talquer les mains avant de coudre, leurs accents régionaux, ce vocabulaire particulier des couturières et ce rituel de cacher un cheveu dans l'ourlet des robes de mariée. Chaque 25 novembre, Karl Lagerfeld met un point d'honneur à dessiner lui-même les chapeaux des catherinettes en fonction de leurs goûts, de leur personnalité, puis à les faire confectionner par Pierre Debard, chapelier chez Michel, le plus grand modiste de Paris.

Dès son arrivée, il a été enchanté de découvrir Madame Pouzieux, une agricultrice de Montargis qui, depuis 1947, tisse, dans l'atelier jouxtant sa grange, les galons en passementerie pour Chanel. Il a enfin trouvé ce qui lui manquait : l'alliance de la puissance financière et de l'artisanat.

12

À peine arrivé rue Cambon, Karl Lagerfeld a eu un coup de génie publicitaire. Gabrielle Chanel était la seule femme à s'être fait un nom dans la mode. La seule aussi dont même un novice connaissait la crinière courte, l'allure chic et garçonne. Longue, très mince, brune, Ines de la Fressange a un petit air « Coco ».

Il a déjà croisé cette jolie fille dans les soirées du Palace et sur les photos d'Oliviero Toscani et Paolo Roversi qui, en quelques couvertures de magazines, ont fait d'elle une star. Jamais, cependant, il ne l'a « bookée » pour un défilé Chloé. Avec ses trop longs bras, son corps mincissime et atypique, elle correspond mal au prêt-à-porter où rien n'est vraiment fait sur mesure. En haute couture, c'est autre chose, et depuis qu'elle fait un tabac Karl s'est intéressé à cette jeune femme dont le pedigree aristocratique plaît si fort à Jacques de Bascher. « *Karl attend toujours de voir si vous avez du succès avant de vous choisir, puis ensuite, il fait mine de vous avoir lancée* », sourit aujourd'hui l'impétrante.

Quoi qu'il en soit, c'est elle qui, lors du premier

défilé de janvier 1983, portait la robe du soir qui a ensuite connu le plus grand succès commercial. Quelques mois plus tard, Lagerfeld obtient qu'elle signe un contrat d'exclusivité avec Chanel, du jamais-vu dans la couture. Elle devient à la fois l'image et le style de la maison, sera la réincarnation de « Mademoiselle » et passera plus de modèles que les autres aux défilés : vingt passages au lieu des cinq habituels. Elle devra aussi s'habiller Chanel dans toutes ses sorties publiques. Le duo est si bien associé que « *lorsque nous partions en tournée, les hôteliers me faisaient visiter la suite de Karl comme si j'étais Madame Lagerfeld* », s'amuse-t-elle.

Physiquement, la jeune femme de vingt-cinq ans, 1,81 mètre et 55 kilos, est parfaite pour les tailleurs Chanel : « *Fine, pas de seins, les hanches étroites, ainsi la veste tombe parfaitement* », détaille une ouvrière des ateliers de couture. « *Ce côté garçonnet, chez une femme, c'est très inspirant* », souligne Karl Lagerfeld, qui dessine désormais ses collections en pensant à Ines. Le couturier adore ses expressions gouailleuses et son excellente éducation.

« La Fressange », comme il l'appelle parfois, a juste ce qu'il faut d'irrévérence, avec ce côté « aristo » chic qui l'amuse tant. Lagerfeld lui permet de « jouer » sur les podiums : elle défile en marchant à grands pas, balance ses longs bras, envoie des baisers, fume parfois. « *Bouge comme si tu étais en jean* », a demandé le modéliste.

D'ailleurs, il a introduit le denim dans les collections de prêt-à-porter dès 1984. Et aussi les baskets. Bref, après un premier défilé timoré, Lagerfeld a décidé de « *faire se retourner Chanel dans sa tombe* », dit-il en proclamant : « *Au moins, cela montre qu'elle est encore vivante !* » Et pour les conservateurs qui rechignent, il assène franchement au journal télévisé : « *Il faut garder l'idée de Chanel, mais pour les femmes d'aujourd'hui. Ce n'est pas pour habiller les gens ivres de passéisme ou les mémés qui ne comptent pas pour la mode.* »

Au bout du célèbre escalier de la rue Cambon où Gabrielle s'installait, jouant de ces miroirs qui brouillent la distinction entre fiction et réalité, après un entrelacs de couloirs, s'ouvre le studio. En ces années 80, Karl Lagerfeld l'a fait décorer par Andrée Putman, dans des tons gris, noir et blanc. S'il est toujours écrit « *Mademoiselle* » sur la porte, l'atmosphère a radicalement changé. Après le départ à la retraite des anciennes générations, place à la nouvelle équipe : des autodidactes, des filles de, des amis, des amis d'amis, des fidèles en un mot. « *Je veux autour de moi des gens jeunes et beaux* », a réclamé le couturier.

Ines de la Fressange apporte sa gaieté et son éclat, mais s'autorise aussi à faire des suggestions comme aucun mannequin ne s'y risque jamais. « *C'était le studio le plus joyeux et le moins prétentieux de Paris*, se souvient Ines de la Fressange. *Tout pouvait devenir une idée nouvelle. Je dessinais mon chien ? "On en fera un bouton", décrétait Karl. J'évoquais un costume vert d'eau vu dans une exposition du peintre Watteau ? Le lendemain, il avait dessiné un petit tailleur-pantalon en taffetas de la même couleur.* »

Le styliste Gilles Dufour, qui a déjà travaillé avec Lagerfeld chez Chloé, dirige le studio. C'est un beau garçon, talentueux et introduit dans la jet-set où on le voit souvent, accompagné de Rudolf Noureev. Il n'aime ni les intrigues ni les rivalités. Sa nièce, Victoire de Castellane, est chargée des bijoux. Arrière-petite-fille de Boni de Castellane, célèbre dandy de la Belle Époque, Victoire arrive tous les jours au studio avec d'extravagantes tenues. Piquante et pleine de fantaisie, elle peut porter une jupe de tulle façon tutu de danseuse avec de petits corsets achetés à Pigalle, ou un tailleur rouge avec un serre-tête aux oreilles de Mickey, que Lagerfeld lui empruntera bientôt pour ses défilés. L'assistant de Karl, Eric Wright, un grand Noir américain qui ne parle pas un mot de français, ne dessine aucun croquis, mais il n'a pas son pareil pour assortir un accessoire à une robe et fait rire tout le monde avec ses « *Fantastic !* » dès que Lagerfeld lève le petit doigt.

Venir au studio est devenu un « must ». « *Le studio magique* », c'est ainsi que ceux qui y travaillent l'appellent alors. La jeune Virginie Viard, celle qui prendra bien plus tard la succession de Karl, vient y faire un stage de stylisme et n'envisage plus d'en partir. Le réalisateur américain Francis Ford Coppola a demandé à l'actrice Carole Bouquet si elle pouvait recommander sa fille, et c'est ainsi que Sofia Coppola, quinze ans, escortée d'une garde du corps à l'allure de mannequin, a fait son apparition parmi les dessins et les coupons de tissu. « *Autour de lui, Karl ne voulait que des gens drôles et beaux, créatifs et sans prétention. Et nous avons fini par avoir plus de succès que Saint Laurent* », note Gilles Dufour. Au Palace, le soir, il n'est pas rare que des filles arrivent en minijupe et bustier sous une veste Chanel désormais allégée et revêtue de strass. *« C'est bien simple : nous étions une maison désirable »,* souligne Victoire de Castellane.

Les Wertheimer font preuve d'une confiance remarquable. Ils ne viennent à Paris, de New York où habite Alain et de Genève où réside Gérard, que pour les réunions importantes, à l'époque des collections. *« Nous n'avions aucune pression des actionnaires, nous pouvions dépenser sans compter »*, se souvient encore Gilles Dufour. *« Karl »*, *« Karl »*, *« Karl »*, son prénom, prononcé avec révérence, est devenu un sésame pour tout oser. *« Karl »* ne se rend à New York qu'en Concorde et se déplace en Europe en avion privé. Un même accessoire peut être produit en dix couleurs différentes, afin que *« Karl »* choisisse celui qui s'assortira le mieux à son projet de robe. Cela coûte un argent fou, mais les propriétaires ont décrété que *« Karl »* avait carte blanche : le succès est venu si vite après son arrivée.

Massaro, le bottier, Lesage, le brodeur, Desrues, le parurier, tous ces artisans qui survivent grâce à la haute couture croulent sous les commandes. Lagerfeld dessine vite, beaucoup, avec une capacité inégalée à proposer vingt déclinaisons à partir d'un simple détail. Un jour, un des frères Wertheimer le met au défi d'imaginer un accessoire en s'inspirant d'une publicité pour une machine à laver découpée dans un magazine. *« Il a relevé le gant,* raconte Martine Cartegini, une ancienne de Chanel. *Il a repris le principe du hublot du lave-linge et a conçu une ligne de boutons en tweed recouverts de plexiglas ! »*

À la tête du service de presse, désormais fort d'une trentaine de collaborateurs rien qu'en France, Marie-Louise de Clermont-Tonnerre croule sous les demandes d'interviews. Karl Lagerfeld n'est pas seulement un couturier créatif, c'est aussi un exceptionnel communicant. Jamais il ne s'est pris pour un artiste. *« Faire des robes, c'est important, mais ce ne sont que des robes,* dit-il. *On n'est pas Kierkegaard, quand même ! »* Il recherche le succès plus que la postérité. *« Il faut se demander pourquoi les gens aiment. Être opportuniste jusqu'au bout »*, répète-t-il sans cesse à ses disciples du *« studio magique »*.

Pour les journalistes, il organise des dîners chez lui – parfois deux à la suite –, envoyant une lettre personnalisée à chaque convive accompagnée d'un énorme bouquet de fleurs. Ines de la Fressange enchaîne elle aussi les déjeuners avec des VIP, à Paris ou lors des tournées de Karl à l'étranger. Les rédacteurs de mode sont couverts de cadeaux, selon une hiérarchie indiquant leur puissance : la rédactrice en chef du *Vogue* américain, Diana Vreeland, puis Anna Wintour, a le droit de choisir robes et tailleurs. Les sacs, parfums et maquillage seront pour les autres. Pour *« donner envie aux femmes »*, il habille ces filles en vue qu'on n'appelle pas encore « influenceuses ».

Karl soigne aussi André Leon Talley, le plus proche collaborateur de Vreeland et Wintour à *Vogue*, qu'il a rejoint juste au moment où Lagerfeld lançait sa première collection Chanel. Avec sa haute silhouette, son français parfait mâtiné d'accent américain, « ALT », comme on l'appelle, est puissant. Noir, petit-fils d'une domestique qui l'a élevé, ancien pilier du Studio 54, la discothèque branchée du New York des années 70, il a un parcours rare dans la mode.

Drôle, cultivé, prince de l'extravagance et roi de l'intrigue, c'est lui qui, lors de ses débuts à *Interview*, le magazine d'Andy Warhol, avait réalisé les entretiens les plus iconoclastes de Karl et Jacques de Bascher. D'un bon mot, d'un geste qui caricature, il donne souvent le *la* des critiques de mode. Lui aussi est un invité fréquent de Grand-Champ ou de Pozzo où il élabore les sujets consacrés à Chanel dans le prochain *Vogue*, en fonction du nombre de pages de publicité – toujours conséquent – que la maison a achetées.

Le couturier phare de Chanel a également eu l'idée de convier des journalistes aux séances d'accessoirisation. Assises dans le studio, autour de lui, une dizaine de rédactrices de mode triées sur le volet regardent, la veille du défilé, les modèles. Lagerfeld choisit alors le sac, les bijoux, les chaussures et fait mine de les consulter. *« C'est chic, non ? »* Si l'une ose *« Ah non, pas ce foulard ! »*, il enlève le foulard. *« Ne vous y trompez pas*, nuance un connaisseur de la maison. *Au défilé, il y a le foulard qu'il a choisi. »*

Gabrielle Chanel apprêtait déjà les actrices – Jeanne Moreau, Romy Schneider. Désormais, un salon spécial pour les *fittings* – les essayages – est réservé aux « people », un mot qui fait florès dans les années 80 pour désigner ces célébrités qui font vendre plus sûrement qu'une publicité. Aux filles branchées, aux jolies chanteuses, on donne des sacs et des bijoux qu'elles étrenneront ensuite sur les plateaux de télévision.

Depuis qu'il vit à Monaco quelques mois par an, Karl Lagerfeld s'est mis à fréquenter Rainier, mais surtout sa fille aînée Caroline qui, depuis la mort accidentelle de sa mère, Grace, un an plus tôt, est poursuivie par les paparazzis. Déjà, il avait croisé la jeune femme alors qu'elle n'avait que seize ans, lors d'une séance photo organisée en 1973 dans l'appartement de la place Saint-Sulpice. Lorsque *Vogue* propose à la princesse d'être la rédactrice en chef de son numéro de Noël, c'est Karl qu'elle choisit comme super-assistant : « *Nous sommes partis faire des photos au Polo* [de Bagatelle], *à l'aube, dans ma vieille Autobianchi,* raconte-t-elle. *Nous sommes entrés par effraction, avons beaucoup ri et sommes devenus amis. Il était tellement plus original, et surtout plus cultivé, qu'il ne pouvait que plaire dès le premier instant.* »

Comme lui, Caroline parle plusieurs langues et vit dans un monde qui ressemble toujours à un décor. « *Je ne suis pas une muse, mais j'espère que je l'amuse* », dit-elle modestement. C'est bien plus que cela. S'il l'a fréquentée au début, impressionné par son ascendance, son histoire et sa célébrité, elle est devenue ensuite une amie proche. Il lui fait découvrir la littérature allemande, Eduard von Keyserling, son préféré, mais aussi Elizabeth von Arnim, une Anglaise qui a rejoint Berlin après son mariage avec un comte prussien. Avec lui, la princesse fait le voyage de Paris à Louxor, « *pour contempler les deux obélisques dans la même journée* », souffle-t-elle. Le soir, ils sortent avec Jacques et Stéphanie, « *leurs deux enfants terribles* », dit Karl, ou se retrouvent dans l'un des deux appartements de la tour Roccabella. Celui de Karl a été conçu pour recevoir, entièrement décoré dans le style du Groupe Memphis, cette nouvelle voie du design italien fondée en 1981, un ring posé au milieu du salon.

« Un intérieur, c'est la projection naturelle d'une âme », disait Paul Morand. Quel est celui qui reflète Lagerfeld ? Son hôtel particulier parisien de 1 500 mètres carrés rue de l'Université, tout en dorures, lustres à pampilles et moulures XVIIIe, où il se retrouve parfois dans la cuisine, à manger des saucisses trempées dans de la sauce Amora ? Ou cet appartement ultra-contemporain d'où l'on voit la mer qui brille entre les constructions de béton ?

Lagerfeld a acquis une nouvelle notoriété, une puissante aura. Dès 1984, il a pris en charge, en plus de la haute couture, le prêt-à-porter. L'année suivante, au moment de renouveler son contrat, il a réclamé aux propriétaires de Chanel un million de dollars... par collection. Comme s'il voulait montrer sa nouvelle puissance, Karl Lagerfeld a signé dès la fin 1983 avec le fabricant américain Bidermann Industries un contrat afin de créer une ligne de prêt-à-porter et une autre de sportswear sous son nom. Bidermann veut en faire *« le Ralph Lauren français »*. Lui qui *« ne voulait pas mettre son nom au fronton d'une boutique »* a finalement succombé à cette petite vanité et d'importantes royalties.

Il a aussi obtenu de conserver Fendi, une petite révolution dans la mode. Les Wertheimer, dont la maison est pourtant si exclusive, n'ont rien trouvé à y redire. Depuis que Lagerfeld est arrivé, jamais on n'a autant parlé de Chanel dans le monde. En août 1986, il a reçu le Dé d'or de la meilleure collection de haute couture. « *Je suis le premier à m'être fait un nom avec un nom qui n'était pas le mien* », plaisante Karl.

Désormais, Karl Lagerfeld dessine chaque année huit collections : deux collections de haute couture et deux de prêt-à-porter pour Chanel, deux collections de prêt-à-porter pour Fendi, et enfin deux collections en son nom. La nuit, il ne dort plus que cinq ou six heures, passe la matinée chez lui à dessiner. Ensuite, il faut le poursuivre tout l'après-midi pour savoir dans quelle maison il est passé. Brahim, son chauffeur, prévient de son arrivée afin qu'on aille lui chercher ces Pepsi et Coca glacés qu'il boit à longueur de journée. Le soir, il enchaîne les réceptions avec la presse. « *J'ai vu Karl enchaîner deux ou trois dîners pour pouvoir recevoir le plus de journalistes possible* », assure Ralph Toledano, qui a rejoint à l'époque la présidence de la marque KL. Chaque jour, le Kaiser étend un peu plus son empire. L'heure de la revanche a enfin sonné.

« Il faut déménager régulièrement et toujours vendre son ancien mobilier », répète souvent Lagerfeld comme s'il s'agissait d'une hygiène de vie. Avec Ines de la Fressange, il a trouvé une nouvelle muse et, comme souvent, met au rebut ses anciens favoris. Karl rompt donc avec Anna Piaggi comme on se débarrasse d'une vieille armoire. Rudement et sans regret. Ce mélange détonnant de pièces « couture » des saisons passées et de fripes à deux sous qui faisait des tenues de Piaggi une performance très « seventies » n'est plus dans l'époque, décrète-t-il, et pas du tout dans l'esprit Chanel. Place au charmant bon chic bon genre de la Fressange, bien plus en adéquation avec ces années 80 rutilantes.

La mort d'un cancer de Fabrice Emaer, en 1983, puis d'Alain Pacadis, le chroniqueur de ses fêtes déjantées, ont signé l'enterrement définitif des années 70 et Karl a jeté une partie de son passé comme on jette une pelletée de terre sur un cercueil. Il a définitivement rompu avec les amies encore liées à Saint Laurent. Plus question de fréquenter Anne-Marie Muñoz, qui avait pourtant fait de Karl le parrain de son fils.

Chez Chanel aussi, il fait place nette. Le couturier a obtenu la mise à l'écart de Kitty d'Alessio qui l'avait présenté à Alain Wertheimer. « C'est elle ou moi », a-t-il décrété en menaçant de ne pas paraître sur le podium à l'issue d'un défilé de prêt-à-porter. Alain Wertheimer n'a pas résisté. « Entre nous, c'est comme entre le Dr Faust et le diable », dit parfois le Kaiser. Il règne seul, désormais, dans la maison des autres.

13

La plupart de ses collaborateurs sont au courant, bien que Karl Lagerfeld n'en parle à personne. Il n'est pas difficile, cependant, de voir que Jacques de Bascher n'est plus le flamboyant jeune homme qui dansait follement au Palace. Depuis le milieu des années 80, il semble s'étioler chaque jour un peu plus.

Les fêtes délirantes et sans tabou qui nourrissaient son univers ne sont plus au goût du jour. Il ne travaille pas. Lorsque le peintre Francis Bacon est à Paris, Jacques passe des après-midi entiers à boire avec lui dans son atelier. « *Je suis au milieu de ses toiles, puisque tu ne veux pas en acheter !* » accuse-t-il Karl. Il s'est mis à fréquenter des types louches, à tenir des propos cyniques, xénophobes, flirte franchement avec l'extrême droite.

Dix fois, les collaborateurs du couturier l'ont vu arriver, ivre en plein après-midi, chez Chanel ou avenue des Champs-Élysées où la maison « KL » a son studio, pour réclamer de l'argent. Son mentor lui donne chaque fois quelques billets, continue de l'entretenir mais ne sait plus s'il faut encourager cette vie oisive et cette dépendance à l'alcool et à la drogue.

Jacques aurait aimé garder la jouissance de l'appartement de la place Saint-Sulpice, mais depuis que Saint Laurent a ouvert juste en dessous une boutique de prêt-à-porter, Lagerfeld a renoncé à le lui laisser et le loge désormais rue de Rivoli, dans ce vaste appartement qui donne sur les Tuileries mais où le nom de Bascher ne figure même pas sur la boîte aux lettres. Lorsqu'il est en forme, il passe au studio Chanel, à trois pas. Sinon, il a l'interdiction d'y mettre les pieds et lui-même sait trop bien le sens des hiérarchies sociales pour éviter la rue Cambon lorsqu'il est défoncé.

Quelques années plus tôt, il a semblé avoir trouvé une porte de sortie à cette vie hors du monde. Diane de Beauvau-Craon, cette fille déjantée croisée au Sept du temps de sa splendeur, est rentrée à Paris en 1980, après un mariage raté à New York et une seconde union au Maroc qui a tourné à la catastrophe mais dont elle a eu un petit garçon. « *Nous nous sommes retrouvés comme si nous nous étions quittés la veille, mais cette fois, je me suis mieux entendue avec Karl, car il a compris que je n'avais pas ce côté destructeur et morbide qu'il craignait chez Jacques* », raconte-t-elle. Comment Jacques, Diane et même Karl ont-ils pu croire à ces fiançailles annoncées par le duo Bascher-Beauvau-Craon un soir de 1981 ?

Jacques affirme pourtant partout qu'il est amoureux de cette jeune femme à la voix rauque, avec laquelle il pose en pirate chic, un bandeau de soie noire sur l'œil, sur la photo la plus connue du couple, prise un soir à l'Opéra de Paris. Qu'elle soit issue de l'une des plus illustres familles françaises compte évidemment pour Jacques, lui qui lit presque chaque mois *L'Intermédiaire des chercheurs et curieux* et ses notices nobiliaires et généalogiques. Il parle déjà d'avoir des enfants.

Ce dandy si raffiné et cette fille à l'allure de garçon se ressemblent en bien des aspects, finalement. Toujours entre mondanités et ivresse, l'un gay affiché, l'autre deux fois divorcée. Quoi qu'il en soit, l'annonce de leurs fiançailles surprend tout leur cercle. Mis dans la confidence, Karl Lagerfeld a accueilli la nouvelle avec bienveillance. « *Tous les jours, Jacques continuait d'aller passer un moment avec Karl, lui rapporter la rumeur de l'époque, et il savait que cela continuerait,* assure Diane. *Il aimait Jacques, le tenait en lui offrant la vie de luxe à laquelle il aspirait, mais s'il était possessif, il n'était pas jaloux.* » Lagerfeld a en tout cas tenu à offrir le dîner et la soirée où le couple a annoncé sa future union. Il a aussi payé le costume en cachemire et bermuda blanc que porte Jacques et qui lui donne l'air à la fois d'un garçonnet en goguette et d'un chasseur de tigre. « *C'est aussi lui qui a choisi la bague de fiançailles, un sublime bijou,* raconte encore Diane de Beauvau. *Ce n'était pas un jeu et il le savait, même si moi je n'accorde pas beaucoup de sérieux à un mariage.* »

Diane, comme descendante d'une princesse Colonna, peut prétendre à une cérémonie de fiançailles célébrée à Rome par un cardinal et Jacques en a été enchanté. Encore une fois, Karl finance le voyage en Italie. Les sœurs Fendi ont adoré l'idée de ces fiançailles pour Jacques, qu'elles connaissent depuis son arrivée auprès de Lagerfeld, et se sont chargées d'organiser la cérémonie religieuse à l'église de la Très-Sainte-Trinité-des-Espagnols qu'elles ont fait entièrement fleurir. Tout le monde logera à l'hôtel Hassler, à l'invitation de Karl. La décoratrice Andrée Putman et l'acteur Helmut Berger seront les témoins des mariés. La cérémonie s'annonce élégante en diable.

Seulement, les fiancés sont indociles. « *Nous étions infernaux, à cette époque*, raconte encore Diane. *La veille, nous avons dîné avec les sœurs Fendi, si charmantes, puis alors que Karl nous avait quittés afin que nous puissions nous reposer avant la grande journée du lendemain, nous sommes sortis Jacques et moi dans les bouges de Rome...* » Le lendemain, le cardinal qui doit bénir les fiancés et célébrer la messe s'aperçoit-il de leurs yeux cernés ? « *Je n'avais plus de salive pour communier...* », rit Diane. Mais enfin, ils sont fiancés, ces élégants débauchés.

Qu'espère Karl Lagerfeld de cette union ? Pas vraiment que Jacques se range : Diane de Beauvau n'est pas précisément une enfant sage. Mais avec elle, Jacques est moins sombre, moins destructeur, plus équilibré si l'on peut dire, dans ce monde où le couple sort tous les soirs danser dans un état second. « *Et puis, en l'espace d'un an, le comportement de Jako a changé. Il voulait continuer à sortir mais m'enfermer à la maison comme une housewife*, dit-elle avec cette façon si aristocratique de toujours mêler l'anglais au français. *Et j'ai rompu nos fiançailles. Je crois que le plus peiné a été Karl. Le fragile équilibre de Jako venait de voler en éclats.* »

Depuis, Jacques est plus désœuvré que jamais. Il

parle depuis des années de réaliser un film sur Gilles de Rais, ce héros médiéval dont il collectionne depuis toujours les portraits XIXe en Barbe bleue. Il adore l'évocation de ce meutrier de femmes et d'enfants en esthète décadent, par Huysmans dans *Là-bas*. Karl Lagerfeld refuse cependant de le produire. Jacques est-il encore capable de s'émanciper, lui qui tire le diable par la queue lorsque l'argent de poche versé par son mentor a quinze jours de retard ?

Et puis, il y a plus grave. Depuis 1987, Jacques est malade du sida, ce syndrome qui ravage depuis cinq ans les fêtes autrefois si insouciantes. Comme un réflexe de sauvegarde inhabituel chez lui qui paraît toujours se moquer de tout et empile les amants d'un soir dans son tableau de chasse imaginaire, il est allé discrètement se soumettre à un dépistage et a appris sa séropositivité. Jusqu'au dernier moment, il a continué de s'envoyer en l'air en balayant les menaces. Mais maintenant, il dépérit à vue d'œil, toujours sensible aux infections qui le laissent des semaines sur le flanc. Lors d'un défilé, Patrick Hourcade qui le croise en est effrayé. Alors qu'il l'aide à enfiler son manteau, « *ma main a glissé et j'ai senti le tranchant de son omoplate. Il était d'une maigreur effrayante* ». À Monaco, où Jacques de Bascher passe désormais une partie de l'année, il reste de longues heures emmitouflé sur la terrasse de « La Vigie », une sublime villa blanche aux airs de palais italien que Karl loue désormais, au bord de la Méditerranée.

À Paris, il était dans son élément, fête tous les soirs et mondanités. À Monaco, sur ce rocher où l'argent brille à chaque détour, il semble hors de son milieu, mais c'est justement ce qu'il cherche. En finir avec cette vie décousue et frustrante. Maintenant que la mort rôde, il ne veut plus que ses anciens amis le voient. Un soir de Noël, la famille princière – Caroline, Stéphanie, Albert – le retrouve en compagnie de Karl Lagerfeld pour la messe de minuit. *« Jacques est venu avec l'Enfant Jésus de sa crèche pour le faire bénir »*, se souvient Caroline. Il va sur ses trente-sept ans et il sait qu'il va mourir.

Depuis l'apparition du sida, le monde de la mode et de la nuit – c'est souvent le même – compte ses disparus. Liberté sexuelle, drogue, homosexualité se portaient en étendard dix ans plus tôt, et voilà que les troupes quittent la scène prématurément. Des garçons, autrefois piliers du Palace, disparaissent sans rien dire. D'anciennes figures de la nuit meurent seules chez leur mère. Personne n'a voulu fermer les backrooms et leurs propriétaires refusent encore d'y installer des distributeurs de préservatifs, pour ne pas effrayer la clientèle venue pour danser et baiser. Mais l'insouciance générale a disparu. Ceux qui se retrouvent, maintenant, en petit comité, dressent une comptabilité discrète et effrayée des amis qui manquent à l'appel. Les anciens carnets d'adresses sont désormais bons à jeter au feu sous l'hécatombe.

Gia Carangi, une beauté qui faisait les couvertures de *Vogue,* est morte à vingt-six ans, dès 1986, contaminée en s'injectant de l'héroïne entre deux défilés. Antonio Lopez, le génial illustrateur, compagnon de tant de soirées et de vacances joyeuses à Saint-Tropez avec Karl Lagerfeld, a disparu l'année suivante, à quarante-quatre ans. L'ex-amant de Lopez, Juan

Ramos, qui emmenait Karl faire des descentes dans les librairies de Saint-Germain-des-Prés pour rafler romans et livres d'art, est séropositif. Comme Dennis Thim, le correspondant à Paris du *Women's Wear Daily*, la bible de la mode. Et Xavier de Castella, l'amant de Kenzo avec qui Jacques avait organisé le Moratoire noir(e). « *Une liste épouvantable*, note Karl Lagerfeld, *on avait l'impression que tous ceux que l'on avait connus étaient atteints.* »

À New York, Corey Tippin assiste à la même hécatombe. Dans les boîtes de nuit, l'atmosphère est devenue lugubre, avec ces collectes organisées pour les malades, au beau milieu des soirées. Andy Warhol est mort en 1987 des suites d'une opération chirurgicale mais presque tous les décès qui ont suivi, parmi les anciens de la Factory, sont liés au sida. Ceux qui veulent avoir une chance d'y échapper font leurs adieux à l'insouciance et au monde de la nuit.

Lagerfeld est bien trop au fait de tout ce qui s'écrit, lui qui dévore chaque matin la presse française, allemande et américaine, pour ignorer les tâtonnements de la recherche. Tout de suite, il a compris la condamnation inéluctable de son compagnon. Il a appelé les meilleurs médecins, à Paris, aux États-Unis, en vain. Aucun traitement n'est possible. D'ailleurs, ce syndrome est encore si mal connu, malgré l'hécatombe, que chaque fois que Jacques doit aller à l'hôpital faire des examens, Karl remarque ces médecins « *qui le reçoivent bottés, emmitouflés dans des blouses de protection et masqués comme des médecins pendant les grandes pestes du Moyen Âge…* ». Lui qui déteste la

185

maladie et la mort, lui qui éloigne le moindre collaborateur enrhumé, s'est mis à veiller sur Jako.

Il n'est pas tout à fait seul. « *Un jour, j'ai reçu un appel d'Armelle de Bascher. Elle voulait me prévenir que son fils était entré à l'hôpital Bichat et me réclamait*, se souvient Diane de Beauvau. *Je n'avais pas d'autre horizon que mes addictions et mon fils, mais je voulais réfléchir avant de retrouver Jacques. Je suis allée à Bichat le surlendemain et une autre histoire a démarré.* »

C'est un curieux voyage dans lequel se sont embarqués en secret Karl et Diane. Chaque jour, lorsque Jacques est hospitalisé, le couturier envoie sa Rolls à la jeune femme afin qu'ils se relaient au chevet de cet ami qui paraît se dissoudre peu à peu. Dans les services où les malades du sida sont regroupés, comme s'ils étaient en quarantaine, le personnel hospitalier semble toujours se tenir à distance. « *Vous voulez donc l'attraper ?* » a lancé une infirmière à Diane lorsqu'elle l'a vue en train de masser les jambes de Jacques pour lui éviter les escarres. Il a fallu que les deux amis signent toute une liste de décharges pour pouvoir approcher du lit sans revêtir cette effrayante tenue de cosmonaute qui vous projette vers une planète inconnue.

Grâce à l'argent de Karl et à l'amitié de Diane avec le Dr Jacques Leibowitch, spécialisé en immunologie et lancé dans cette course mondiale contre le sida, Jako a pourtant pu quitter Bichat pour être hospitalisé à partir de 1988 dans le service des maladies infectieuses de l'hôpital Raymond-Poincaré à Garches. Là-bas, la terreur des soignants est moins visible. Karl Lagerfeld y vient presque tous les soirs, retrouvant Armelle de Bascher. Avec elle, il s'est toujours bien entendu. C'est une femme autoritaire et peut-être castratrice comme sa propre mère. Il ne cesse de la couvrir de cadeaux, sacs et vestes Chanel, fleurs par brassées. Jamais elle n'a protesté que son fils passe pour le gigolo du couturier. Quel curieux cercle, autour d'un lit d'hôpital ! Dans chaque chambre, pourtant, c'est le même assemblage hétéroclite d'anciens fêtards, d'ex-beautiful people et de mères éplorées.

Lors de ses rémissions, Jacques part se reposer à la Berrière, le château familial. Karl Lagerfeld a aussi acheté pour ses convalescences une nouvelle demeure, au Mée-sur-Seine, à une heure de Paris, dans la forêt de Fontainebleau. C'est un vaste manoir de mille mètres carrés, dans un majestueux parc arboré. Comme toujours, le couturier y a entrepris d'importants travaux d'aménagement avant de le décorer avec raffinement. On peut y décoller ou y atterrir en hélicoptère, en cas d'urgence. Les intimes s'y retrouvent autour de Jacques et Karl peut aussi venir y respirer entre deux visites à l'hôpital.

Car le couturier continue de mener sa vie professionnelle frénétique. Jamais il ne délaisse ses collections, il dessine tous les matins chez lui, assiste aux essayages, ne manque aucun dîner avec la presse. Seul son chauffeur Brahim, qui le conduit en fin d'après-midi jusqu'à Garches, sait la double vie qu'il mène. Toute la journée à parler de robes et de mode, Karl donne pareillement le change à l'hôpital. Autrefois, Jacques lui rapportait les potins du monde et l'air excitant de la nuit. Les rôles se sont inversés et c'est le couturier qui désormais raconte la vie du dehors à cet ami immobilisé par les perfusions. C'est un rythme éreintant, mais c'est le tribut qu'il paye à ce compagnon impossible pour lequel il nourrit un amour toujours plus profond.

C'est aussi la découverte d'un nouveau monde pour Lagerfeld. Jusqu'ici, il n'a voulu vivre qu'entouré de luxe, de jeunesse et de beauté. Aucune servitude ménagère, ni misère ni saleté. Même les souvenirs de la guerre avec ses blessés, ses pauvres et ses réfugiés sont nichés aux confins de sa mémoire d'où ils ne font jamais la moindre incursion dans sa réalité. À l'hôpital, c'est autre chose. Il a été stupéfait de découvrir la maladie, la faiblesse et la pauvreté. Après le premier séjour de Jacques, il a payé l'installation de téléviseurs dans chaque chambre. Il multiplie les dons pour les chercheurs, offre des cadeaux aux infirmières. L'argent ne peut rien contre la mort, mais il peut au moins aider les vivants qui luttent contre ses assauts.

Au début de l'année 1989, Jacques est atteint d'un sarcome de Kaposi, ce cancer de la peau si fréquent chez ceux qui souffrent du sida. Dans les milieux gays désormais décimés, ces taches violettes qui défigurent les malades sont un signal d'alerte effrayant et Jacques sait qu'il fait peur, désormais. *« Il ne se regarde même plus dans une glace, mais il se maquille à la terracotta pour donner le change »*, observe Diane, dévastée. À la Berrière, il garde dans sa salle de bains un fusil chargé, prêt à toute éventualité. Il continue de boire du whisky par litres, cependant. Mais il mange à peine. À la fin du printemps, Karl a dû partir en tournée mondiale présenter les collections Chanel et Fendi. « *Si tu reprends trois kilos, je t'offre une Aston Martin* », a promis avant de partir Lagerfeld, effrayé par sa maigreur. Comment fait-il pour continuer à donner des dizaines d'interviews spirituelles alors qu'il se tient constamment informé par téléphone des progrès du mal qui dévore son ami ?

L'été est épouvantable. À New York, deux autres amis de Diane viennent de mourir du sida, le photographe Robert Mapplethorpe et Steve Rubell, le patron du Studio 54. Dans l'appartement de la rue de Rivoli, Jacques est relié à une bouteille d'oxygène, mais il étouffe dans les bras de Diane et celle-ci a dû appeler l'hôpital en urgence. À nouveau alité, il peut à peine supporter le masque à oxygène sur la peau à vif de son nez. Les traitements le rendent irascible, il peut être odieux avec Karl et Diane, avec sa mère, ses frères et sœur, les étourdir de menaces morbides et d'allusions suicidaires puis plonger dans des crises d'angoisse terribles.

C'est bientôt la fin, Karl et Diane en sont conscients, « *mais nous savions l'un et l'autre que nous irions jusqu'au bout* », dit-elle. Jacques aussi le sait. Il est saturé de traitements et pourtant, il ne veut pas mourir. Puis, l'instant d'après, il prépare ses proches à sa prochaine disparition. « *Les derniers jours, j'ai dormi dans sa chambre sur un lit de camp,* raconte Karl Lagerfeld. *Enfin, dormi, si l'on peut dire. C'était abominable. Ma mère avait raison, on ne doit pas infliger le spectacle de sa mort aux vivants.* »

189

Le dandy, qui incarnait tant la liberté des années 70, meurt le 3 septembre 1989, à trente-huit ans. C'est un dimanche, la chaleur est écrasante. Autour de lui, Lagerfeld, Diane et Armelle de Bascher l'ont veillé jusqu'au bout.

L'incinération a eu lieu au Père-Lachaise, lors d'une cérémonie ordonnancée par la famille de Bascher, mais Karl Lagerfeld en organise une seconde dès le lendemain au Mée-sur-Seine, dans la chapelle attenante à la jolie demeure achetée pour que Jacques puisse s'y reposer.

Il veut une messe pour Jacques, ce grand pécheur qui aimait la pompe des églises plus qu'il ne croyait en Dieu. Le couturier a fait déposer autour de l'autel des dizaines de corbeilles de lys blancs, puisque le défunt se disait monarchiste. Armelle de Bascher et ses enfants ont été placés au premier rang, sauf Anne, la sœur de Jacques, choquée par cette seconde cérémonie qui semble un rattrapage de la première. De l'autre côté de la travée, à la même hauteur, se tiennent Karl et Diane de Beauvau et l'on ne saurait mieux signifier, en effet, que Jacques avait deux familles.

Quelques collaborateurs de Lagerfeld ont été discrètement prévenus par Brahim, le chauffeur du couturier. La princesse Caroline est venue de Monaco, mais aucun des amis de débauche de Jacques n'a été convié. Yves Saint Laurent n'a envoyé pour sa part aucun message.

Jacques de Bascher a demandé qu'on pose dans son cercueil son ours en peluche, Michka. Puis les cendres ont été partagées, une moitié pour Armelle de Bascher, l'autre pour Karl Lagerfeld. Ce dernier les a fait mettre dans une urne, achetée dans une salle des ventes, qu'il a fait sceller ensuite en haut d'une colonne, dans le vaste appartement de la rue des Saints-Pères. Il veut, dit-il, qu'après sa mort on y mêle les siennes, celles de sa mère, et qu'on disperse le tout dans le vent.

14

Jamais personne n'a vu Karl Lagerfeld si malheureux. Habituellement, il n'est pas homme à livrer ses émotions. Jamais il ne vous prend dans ses bras, ni n'ose une simple caresse. Une bourrade sur l'épaule, c'est sa façon d'embrasser. Mais depuis la mort de Jacques, il paraît figé dans son chagrin comme un arbre dans la glace. Au studio Chanel, il arrive que ses collaborateurs devinent, en voyant sa silhouette tressauter doucement, qu'il sanglote penché sur ses dessins. *« J'observais sur le visage de Karl un chagrin profond et un désarroi que je ne lui avais jamais vus »*, s'inquiète son amie Florentine Pabst qui vient souvent de Hambourg pour le réconforter.

Le couturier n'a pas cessé pour autant de travailler. Quelques jours après la cérémonie funèbre au Mée, il s'est remis à dessiner les collections à venir pour Chanel, Fendi et sa marque KL. Mais il semble devenu plus froid. Avec Jacques, il vivait par procuration une vie qu'il s'interdisait et c'était encore un échange. Désormais, il n'y a que le labeur chaque jour renouvelé qui le tient debout.

Comme s'il avait pressenti le changement de cycle

provoqué par la mort de Jacques, il s'est fâché quelques mois auparavant avec sa muse Ines de la Fressange. Officiellement, il n'admet pas qu'elle ait accepté de prêter son visage au moulage du buste de Marianne, qui figure dans les mairies françaises. Qu'on choisisse cette Parisienne à particule comme emblème de la République française, cela aurait dû au moins l'amuser, mais « *Marianne est le symbole de tout ce qui est ennuyeux, bourgeois et provincial* », décrète Lagerfeld dans le *Herald Tribune*. C'est la première fois qu'il attaque dans la presse celle qui pourtant concourt autant que lui à l'image de Chanel. Les équipes de la rue Cambon en restent pétrifiées.

Depuis sept ans qu'ils travaillent ensemble, Ines et Karl passent pour des amis, sans toutefois être intimes. Combien de séances d'essayage ont-ils suivies ensemble ? Combien de dîners rue de l'Université, de tournées pour Chanel, de week-ends dans la maison du Mée où les rejoignaient Caroline de Monaco et son mari, Stefano Casiraghi, accompagnés de leurs enfants ? « *Si un jour on jette Ines, je me jetterai avec elle* », avait assuré Karl sur le plateau de France 2, un an après le début de leur collaboration.

L'amitié de Karl est un vin qui vous saoule et il faut y prendre garde. Cadeaux, attentions délicates, plaisanteries spirituelles, c'est un compagnon sans pareil. Mais il faut être comme lui, ne jamais montrer la moindre faiblesse. « *On ne pouvait s'autoriser à être triste, malade ou seulement fatigué, jamais on ne pouvait se relâcher et j'ai compris au bout d'un certain temps qu'une véritable conversation était impossible* », assure Ines de la Fressange aujourd'hui. Elle a d'abord

« marché » aux « *Ma mère disait que...* », mais elle comprend de moins en moins pourquoi il se complaît à débiter ces histoires plus ou moins inventées. Comment peut-il répéter ainsi ce stock d'anecdotes qu'elle a fini par connaître par cœur ? « *Il racontait comment, un jour qu'il avait confié à sa mère qu'un homme avait essayé de l'embrasser, il s'était entendu répondre : "Regarde comme tu es habillé et coiffé. Tu l'as allumé !" Mais bien sûr, il balayait d'un revers de main toute allusion à Sigmund Freud.* »

Dans la presse américaine, un jour, elle glisse qu'il déteste ses mains, depuis les dures critiques de sa mère lorsqu'il était enfant. Elle trouve touchant, dit-elle, de le voir ainsi les dissimuler sous des manches longues. Cela paraît anodin, mais Karl ne laisse jamais personne évoquer à sa place son enfance et ses complexes. L'anecdote se voulait légère et affectueuse, il la prend pour une moquerie, semblable à celles que faisaient dans son dos quinze ans auparavant Corey, Pat et Donna, lorsqu'il se promenait dans la rue en mules et bardé de colifichets. « *Alors, on fait sa petite psychanalyste ?* » lui lance-t-il en l'accueillant au studio, au lendemain de la parution de l'article. Pas d'introspection ni d'allusions intimes. De la LÉ-GÈ-RE-TÉ, c'est le précepte le plus couru dans le milieu de la mode.

Si Ines se permet ces petits écarts auprès d'un Lagerfeld qui n'en fait jamais, c'est aussi qu'elle a l'esprit ailleurs. Depuis quelques mois, la muse n'est plus entièrement absorbée par Lagerfeld et le studio Chanel. À trente-deux ans, la jeune femme vient de rencontrer un amoureux, Luigi d'Urso, et elle est moins encline à subir les retards du couturier qui exige que mannequins et ateliers l'attendent pour des essayages qui peuvent durer jusque tard dans la nuit.

Luigi d'Urso n'est pas impressionné par Lagerfeld. C'est un fils de famille élégant, à la fois homme d'affaires et marchand d'art. Comme beaucoup d'Italiens raffinés, il a toujours un brin de mépris envers les Allemands. Il est cultivé comme Karl et, contrairement à lui, aime sortir, boire et danser. Lorsque le couple a été convié à La Vigie, Luigi a levé un sourcil en voyant la moquette installée dans les chambres de cette splendide villa italienne. Il en a fait la remarque : « *C'est inhabituel dans une maison du Sud.* » Karl, en lui faisant visiter son bureau, a commencé à vanter son bureau cylindre, « *un splendide meuble richement ornementé, dont il n'existe qu'un autre exemplaire...* », et Luigi a terminé sa phrase d'un air blasé « *... dans le petit appartement du roi au château de Versailles...* ». Décidément, les deux hommes ne s'apprécient pas.

Rivalité, agacement, jalousie, sans doute tout cela est-il mêlé. En France comme à l'étranger, l'image d'Ines de la Fressange est bien plus connue que celle de Karl Lagerfeld. C'est elle qu'on associe à Chanel plutôt que lui. Chaque jour, arrive rue Cambon une quantité impressionnante de lettres pour elle que l'on entrepose au studio, juste derrière la table où s'assied Karl. « *Dans la rue, lorsque nous marchions tous les deux, c'est moi que l'on arrêtait pour dire "J'adore ce que vous faites"*, complète-t-elle. *Lui avait grossi, dans ses costumes de bourgeois. Il n'était pas encore une icône.* »

Cette affaire de Marianne n'est donc qu'un pré-texte, mais elle n'est pas prise à la légère, rue Cambon. Dès que la mésentente a filtré dans le microcosme de la mode, une réunion extraordinaire a été organisée entre Karl et Ines avec la directrice de la commu-nication, Marie-Louise de Clermont-Tonnerre, et la patronne de la mode, Françoise Montenay. Les deux femmes veulent convaincre le mannequin de renoncer à poser pour l'emblème de la République, *« puisque Karl ne veut pas »*. Mais les choses s'enveniment vite avec Karl. Provocateur, il propose que la prétendue Marianne porte plutôt lors du prochain défilé une robe à fleurs de lys. *« C'est non ! »* rétorque Ines devant tout le monde.

Toujours, Lagerfeld veut avoir le dernier mot. Bien qu'elle ait signé en 1984 un contrat exceptionnel de 300 000 dollars annuels, régulièrement augmenté depuis, il refuse que le mannequin vedette de Chanel défile pour présenter la collection, en juillet. Pire, le voilà qui distille dans la presse des vacheries sur elle. Ines de la Fressange a commis l'impair de le traiter de *« Kaiser »*, ce surnom qu'il n'aime qu'à moitié tant il connaît les sentiments anti-allemands en France. *« Je n'ai plus l'intention de travailler avec elle. C'est simple : elle ne m'inspire plus »*, réplique-t-il dans *Le Figaro*. Avant d'affirmer : *« C'est moi qui l'ai faite. Sans moi, elle continuerait comme les autres à courir les séances de photo avec un book. »* N'était-elle pas l'image même de Chanel ? *« Oui, c'était vrai pour les années 80. Mais finalement, sa réputation reste très régionale. Aux États-Unis, elle n'a jamais fait la cou-verture de* Vogue. *Son microcosme parisien, son côté gauche caviar, c'est très limité* », cingle le couturier avant d'asséner ce qu'il croit être le coup de grâce : « *Je n'habille pas les monuments classés.* »

Maintenant, chaque fois qu'on l'interroge sur son ancienne muse, le couturier laisse échapper des anecdotes humiliantes. « *Elle était toujours en retard* », « *Elle méprisait les gens du studio* », affirme-t-il dans *Paris Match* avant de soutenir : « *Comme le dit un proverbe allemand, Ines est après l'argent comme le diable après l'âme. En mars dernier, après le défilé, elle s'est jetée sur Alain Wertheimer et devant tout le monde lui a demandé une augmentation.* » C'est faux, bien sûr. Mais Karl a toujours la rupture violente et brutale. L'ancienne muse le soupçonne même « *d'avoir glissé au* Point *et à* L'Express *que j'étais résidente fiscale en Grande-Bretagne…* ».

Perdre Ines de la Fressange dans de telles circonstances est une mauvaise nouvelle pour Chanel, mais personne n'ose contredire Lagerfeld. Alain Wertheimer n'a pas un mot pour la disgraciée. Ceux du studio restent cois. Les ateliers ne bougent pas. Alors que quelques mois plus tôt, la maison envoyait son mannequin vedette dîner avec les directeurs des ventes pour l'Europe ou paraître devant les vendeuses de Seattle ou d'Atlanta, c'est comme si elle avait disparu d'un coup. « *Il avait tous les droits*, raconte-t-elle. *J'avais été reniée et tout le monde suivait.* »

Elle n'est pas la première à faire les frais de la colère de Karl. Toujours, il s'est débarrassé de ses cercles successifs comme il fait place nette lorsqu'il déménage. Antonio Lopez, Anna Piaggi, Ines de la Fressange… « *Je javellise mon passé* », dit-il parfois.

Depuis la mort de Jacques, il est devenu plus dur, son ironie s'est faite cruelle.

Être mêlé aux autres couturiers, très peu pour lui. Au tout début des années 90, Robert Altman projette de réaliser son prochain film, *Prêt-à-porter*, dans le milieu de la mode parisien et a engagé Nathalie Rykiel comme conseillère artistique. La jeune femme a déjà organisé pour le cinéaste américain des déjeuners avec Christian Lacroix, Gianfranco Ferré, Claude Montana, Thierry Mugler et Jean-Paul Gaultier, qui feront des apparitions dans le film. Seul Karl Lagerfeld a refusé de s'inscrire dans le même programme que les autres. Il a plutôt convié Altman, Sonia et Nathalie Rykiel pour un dîner somptueux chez lui. *« Bob Altman a été éblouissant et, face à Karl, ce n'était pas si facile*, raconte Nathalie Rykiel. *Mais en sortant, alors qu'il pensait avoir gagné la partie, il a fallu que je lui dise : "Tu as bien compris qu'il ne participera pas au film ?" Bob avait énoncé pendant le dîner la liste des couturiers ayant accepté de figurer dans* Prêt-à-porter *et j'avais vu tout de suite le visage de Lagerfeld. Il n'était pas au centre du film et il était évident qu'il ne le ferait pas... »*

Jusque-là, il était admiré pour sa puissance de travail, son inventivité et son humour ravageur. Depuis qu'il règne sur Chanel, il est craint. Un jour qu'on lui a rapporté qu'une attachée de presse de la maison avait assuré un peu maladroitement devant une journaliste : *« La collection est plus belle que l'année dernière »*, il réclame son renvoi sur-le-champ. Une autre qui s'est assise à une place libre, au premier rang du défilé, est remerciée dès le lendemain, comme une stagiaire qui a laissé publier une photo sans qu'il l'ait validée.

Avec sa puissance de Kaiser de la mode, il peut briser des carrières et poursuivre de sa vindicte ceux qui lui ont manqué. *« Je sais que c'est une chose méprisable et horrible, mais je ne vois pas pourquoi je ne devrais pas rendre aux gens la monnaie de leur pièce, s'ils m'ont fait quelque chose »*, écrit-il dans son petit livre d'aphorismes avant de souligner, en lettres plus larges : *« C'est quand ils ont tout oublié que je retire la chaise, parfois dix ans après. »*

C'est ainsi, l'empereur de la mode entretient autour de lui une cour de fidèles et, à quelques mètres, une file de bannis. Ce sont d'anciennes inspiratrices, des collaborateurs qui ont fini par prendre trop de place, des courtisans d'autrefois qui n'ont pas saisi où se situait la frontière entre la fidélité et la servitude. Maintenant qu'il a perdu l'homme qu'il aimait, sa vie professionnelle lui tient lieu de famille. Et gare à ceux qui cherchent à s'émanciper de sa tutelle.

Lorsqu'on croise ces anciens élus déchus, on est frappé par leur ambivalence à son égard. Toujours partagés entre le regret de cette vie enchantée et l'amertume d'en avoir été si brutalement exclus. Lagerfeld lui-même a deux visages. Il peut être l'ami le plus attentif. Lorsque Stefano Casiraghi, le mari de la princesse Caroline, s'est tué en bateau de course, au large de Saint-Jean-Cap-Ferrat, il a appelé son amie presque chaque jour, envoyant quotidiennement des lettres délicates illustrées de petits dessins amusants, un cadeau, des fleurs, prêtant le Mée pour qu'elle s'y réfugie.

L'autre versant de son caractère est plus ombrageux, possessif et âpre. Est-il encore capable d'un geste désintéressé, lui qui exige des autres la discipline qu'il s'inflige à lui-même ? Le renvoi d'Ines de la Fressange, que chacun pensait intouchable, est en tout cas une alerte. Mais comment partir en bons termes alors qu'il ne supporte pas la moindre infidélité ?

Gilles Dufour, le directeur du studio chez Chanel, est un jour approché par une autre maison de couture ? Lagerfeld l'apprend et, sans rien dire, dépose une feuille sur son bureau sur laquelle il a écrit le nom de la maison concurrente. « *On ne quitte pas Karl* », remarque Victoire de Castellane. Après quatorze ans passés au « studio magique », la nièce de Gilles Dufour veut aussi s'en aller. Elle s'est mariée, a eu trois enfants et aspire à une vie privée, loin de ces interminables séances d'essayage où le couturier n'arrive pas avant 20 heures, obligeant tout le studio à une deuxième journée qui ne s'achèvera qu'au milieu de la nuit. Jusque-là, il n'avait pas de mots assez affectueux pour célébrer la fantaisie et le talent de la jeune femme. Mais elle a signé chez Dior et il décrète aussitôt dans les journaux : « *C'est la poubelle de Chanel !* » Gilles Dufour s'en va à son tour, six mois plus tard. C'est aussitôt un déluge de critiques contre lui, un dénigrement systématique dans ce milieu de la mode où les réputations se brisent si vite. Sa nièce avait raison : « *On ne quitte pas Karl* »...

Même la très fidèle Caroline Lebar doit affronter la foudre. Un jour, elle lui avoue que Christian Lacroix lui a proposé de l'engager en triplant son salaire.

« *Alors, tu pars tout de suite !* » intime-t-il, blessé. « *J'ai dû attendre une semaine qu'il revienne de New York pour lui assurer que je n'allais pas le quitter* », raconte-t-elle. Il la nomme aussitôt attachée de presse, accompagné d'une substantielle augmentation.

Karl Lagerfeld aime qu'on lui résiste, mais seulement jusqu'à une certaine limite. Au sein de sa maison KL, la directrice de studio, Céline Engel, a fini par épouser le directeur général Ralph Toledano. « *Rencontrer son mari au boulot, l'idéal de Karl* », dit drôlement cette ancienne danseuse devenue styliste. C'est elle qui doit trier, parmi les centaines de dessins qu'il fournit, ceux qui permettront de bâtir la collection et il s'agace de plus en plus qu'elle écarte certains de ses choix. « *J'ai dessiné pour la poubelle, amenez-moi la poubelle !* » exige-t-il. Il ne l'écoute plus, regimbe devant ses options. Comment, cependant, annoncer à la jeune femme sa disgrâce ?

Toujours, dans ses différentes maisons, le couturier s'est amusé à dessiner ses collaborateurs, offrant ses croquis drolatiques aux uns et aux autres comme autant de cadeaux. Un jour, il arrive les bras chargés de gâteaux et de champagne, l'humeur charmante. Pendant les essayages, il s'installe et commence comme à son habitude à dessiner chaque collaborateur du studio en personnage d'Ancien Régime. Des aristocrates en bas de soie, des princesses en robe à panier, chacun reconnaît ses traits dans cette assemblée de papier. C'est maintenant au tour de Céline d'être croquée. Il dessine d'abord son visage. Puis une main au-dessus, tenant une touffe de cheveux. Lorsqu'il lui tend le dessin, elle découvre sa tête, tranchée, avec cette dédicace : « *Pour Céline, en souvenir de cette collection…* » Le lendemain, elle recevra une gigantesque corbeille de fleurs et la confirmation, par son propre mari, le directeur général de KL Ralph Toledano, de la fin de son contrat.

Qui refuserait, pourtant, de travailler dans le sillage de Lagerfeld ? Chaque chose qu'il touche a du succès. Les moyens paraissent toujours illimités. Lorsqu'il fait venir à Monaco ses collaborateurs depuis Paris, toute l'équipe séjourne au Monte-Carlo Beach, l'un des plus beaux hôtels de la Principauté. Lui-même affiche un train de vie fastueux. Rolls, jet privé. Sait-il encore combien de maisons et d'appartements il possède ? Il achète, revend, et c'est encore une façon d'égarer les observateurs.

Après le décès de Jacques de Bascher, il a cédé Grand-Champ, le château breton qui était leur projet commun. Il n'y mettait pratiquement plus les pieds. Tout juste a-t-il proposé d'ouvrir la propriété pour permettre à la reine mère d'Angleterre, lors d'un voyage de cette dernière en France, d'y prendre le thé et de visiter le parc, chargé de fleurs pour l'occasion. Pensez, montrer les aménagements et la demeure à celle qui a connu le Blitz pendant la guerre !

Dès que la reine mère a retraversé la Manche, Grand-Champ a été de nouveau fermé, seulement habité par Pilar et Rafaël, les fidèles qui avaient veillé Elisabeth Lagerfeld. En l'absence de Jacques, la propriété n'a plus l'attrait d'autrefois. Karl a eu la tentation fugitive de relancer de nouveaux travaux, puis il a abandonné l'entreprise. « *Une maison, cela ne veut rien dire dans mon cas, puisque je n'ai pas de famille* », dit-il à ses proches. Un jour, il envoie des camions de déménagement sans même y avoir remis les pieds.

À Patrick Hourcade, qui avait dirigé les travaux des débuts, le percement des bassins, l'aménagement de la chambre d'Elisabeth Lagerfeld, la construction de l'escalier menant jusqu'à la chambre sous les toits de Jacques, il glisse simplement : *« Tu vois, j'arrache les pages du livre. »* Puis, quand cet ami-là aussi sera répudié et lui écrira une lettre douloureuse, il répondra, implacable : *« De toute façon, je ne serai jamais heureux… »*

Jacques de Bascher aimait – plus que Lagerfeld lui-même – l'Allemagne et Hambourg. Mille fois il a proposé à Karl de racheter la maison de ses parents, comme une réconciliation ultime avec son passé. C'est maintenant qu'il est mort que Karl Lagerfeld se décide à s'offrir une villa splendide, sur les bords de l'Elbe, dans le quartier de Blankenese, où habitaient autrefois Otto et Elisabeth Lagerfeld.

La demeure, une vaste bâtisse grise ponctuée de colonnes antiques, est sise au beau milieu d'un parc de 12 000 mètres carrés. De la terrasse, on a l'impression de plonger directement dans le fleuve. Karl a dessiné lui-même les grands canapés à haut dossier de velours vert qui doivent orner le salon de la villa « Jako », comme il l'a immédiatement baptisée. Il n'a jamais voulu y séjourner vraiment. « Dès sa première visite, assure Patrick Hourcade, un vieux monsieur a sonné à la porte : "Wie geht's ?" (Comment vas-tu ?) C'était un copain de lycée. Karl en a été horrifié. »

« C'est une erreur de vouloir renouer avec son passé », a très vite regretté Karl, déterminé à la revendre. Il ne reste de ce cadeau posthume à Jacques qu'une photo de Jean-Marie Périer. Celui-ci avait proposé au couturier de faire le voyage ensemble jusqu'à Hambourg. La neige recouvrait le perron et le parc. Alors, comme pris d'une inspiration, le photographe a demandé au chauffeur de venir se placer, de dos, à côté de son sujet. Karl se tient donc là, droit et sombre sous un parapluie noir. Derrière son épaule, demeure à jamais comme l'ombre de Jacques au tableau…

15

Pour la mode aussi, c'est la fin d'une époque. L'insouciance s'est enfuie, ne laissant que des paillettes sur les podiums des défilés. Ce ne sont pas seulement les esprits qui s'assombrissent, c'est le métier même qui bifurque. L'argent s'est insinué partout. Il faut vendre. Dix ans auparavant, on donnait une soirée pour le plaisir de danser, de rire, de se droguer, de coucher avec les invités. Maintenant, il faut d'abord s'en servir pour lancer des parfums.

Est-ce parce qu'il a si peur d'être balayé par le vent du changement que Karl Lagerfeld a renouvelé son style et ses inspirations ? Après Ines de la Fressange, il a jeté son dévolu sur son contraire, une belle fille blonde et sexy, allemande comme lui. Claudia Schiffer a tout juste vingt ans, un air de jeune fille au pair idéale, et chaque fois qu'elle paraît quelque part dans le monde, elle provoque une émeute. « *Je l'ai faite* », dira plus tard Karl Lagerfeld. Ce n'est pas tout à fait vrai. Sa ressemblance frappante avec Brigitte Bardot, une campagne de publicité pour des jeans déclinée dans le monde entier, ont imprimé sa silhouette sur toutes les rétines deux ans plus tôt. Elle a déjà un agent, un chauffeur personnel, deux ou trois personnes de sa famille qui lui servent d'assistants et d'habilleurs.

Karl Lagerfeld dessinait jusqu'ici ses collections pour Chanel en pensant à la longiligne Ines. Comment habiller le corps de Claudia, tout en courbes et en déliés ? *« Elle avait trop de poitrine pour les vestes, trop de hanches pour les jupes droites. Au fond, elle était d'abord sublime nue »*, remarque Gilles Dufour. C'est une nouvelle source d'inspiration pour le couturier. Tant pis pour les longues robes droites et les tailleurs gansés, il la fait défiler en minishort de tweed rose pâle sous une petite veste ouverte, le monogramme de Chanel balançant au bout d'une chaîne entre les seins.

La jeune fille est encore trop candide pour répondre aux journalistes comme le faisait la Fressange. Mais elle est d'une beauté à couper le souffle, très professionnelle et docile. Avec cette fille de la bourgeoisie rhénane, Karl montre à tous qu'il sait encore propager le vent de la modernité.

C'est essentiel, maintenant que la mode s'est transformée en un gigantesque marché. *« Au milieu des années 90, les grands groupes financiers ont racheté les maisons de couture indépendantes, la mode s'est industrialisée et les mots en "é", comme créativité ou féminité, ont été remplacés par des mots en "ing", comme marketing »*, résume Jean-Jacques Picart, légendaire attaché de presse devenu conseiller pour quelques grands patrons de la mode. Plus que jamais, les couturiers doivent rendre des comptes à leurs actionnaires.

Mieux qu'un autre, Karl Lagerfeld l'a senti. C'est l'une de ses qualités d'être doté d'un remarquable instinct de préservation. Jacques de Bascher avait un goût assumé pour la destruction flamboyante, lui pour la survie dans la tempête. Huit fois par an, le propriétaire de Chanel, Alain Wertheimer, réunit à New York, où il vit, ou à Paris, les cinq patrons de région de son groupe et ses chefs de métier : mode, parfumerie, beauté.

Il suffit de regarder les chiffres d'affaires et les bénéfices pour comprendre. La haute couture est un monde englouti, qui n'a plus rien à voir avec ce que Lagerfeld a connu à ses débuts, en 1954. Trop élitiste et, surtout, tellement déficitaire... Mais, mieux que le prêt-à-porter, c'est la vitrine idéale pour vendre des accessoires, des chaussures, des rouges à lèvres et des parfums. Avec un sac, plus de problèmes de taille 34 ou 50 pour les clientes, et la rentabilité est excellente.

« Lorsque j'entre dans une boutique, je cherche les vêtements... Aujourd'hui, ils sont au premier étage et les accessoires sont en bas », regrette en privé Hubert de Givenchy, qui décide, en 1995, de prendre sa retraite. Karl Lagerfeld, lui, ne pleure jamais les mondes disparus et assume parfaitement de faire de ses collections un outil de communication. « La mode, c'est regarder devant », a coutume de dire la patronne de Vogue, Anna Wintour. Le couturier en a fait une philosophie : « Le changement est la façon la plus saine de survivre. »

À la fin de l'été 1992, Lagerfeld est sollicité pour reprendre en main Chloé, qu'il avait quittée dix ans plus tôt pour Chanel. En perte de vitesse, la griffe de prêt-à-porter veut renouer avec la période faste des années 70, lorsque le couturier produisait ces robes légères et vaporeuses qui avaient contribué à bâtir sa renommée. Après des semaines de négociations secrètes, il est nommé directeur artistique de la marque. Le groupe Vendôme, propriétaire de Chloé, lui propose un contrat en or de quatre ans et rachète Karl Lagerfeld SA pour quelques dizaines de millions d'euros.

Chanel, Fendi, KL, Chloé : désormais, il dessine, crée et oriente la communication de quatre maisons, entouré d'une armada de financiers et d'avocats. Jamais il ne paraît rassasié. *« Rien ne me fait plaisir, je suis frigide. Je suis comme un nymphomane du travail »*, confie-t-il alors dans les journaux. Le matin, il se lève à 5 heures, dans son vaste appartement de la rue de l'Université. Le majordome lui a préparé son petit-déjeuner et, jusqu'à 9 heures, il dessine pour « ses marques ».

C'est aussi une manière de durer. Car le monde autour de lui subit un lifting radical. En 1993, Pierre Bergé, qui se targuait d'avoir construit avec Yves Saint Laurent son propre groupe, vend à Sanofi. Le duo Bergé-Saint Laurent garde le contrôle de la maison de couture, mais il a cédé – à prix d'or – les secteurs lucratifs du parfum et des cosmétiques. Yves ne s'est jamais tout à fait remis de son aventure tumultueuse avec de Bascher et, depuis, navigue de collections fulgurantes de beauté en périodes de dépression sans fond. Désormais, il parle comme Gabrielle Chanel, qui dénonçait les minijupes. *« Ce matin, j'ai rencontré une très jolie fille, qui avait une jupe pas plus grande que quarante centimètres. De cette jupe, les jarretelles sortaient. Soit nue, soit habillée, mais comme ça, non !* » se plaint Saint Laurent dès 1993.

Ce n'est pas Karl qui parlerait ainsi, lui qui s'acharne à comprendre chaque nouveauté, à absorber les changements de son époque, à surfer toujours sur la vague du temps. Deux ans plus tôt, il a été le premier à installer des rails de travelling le long du podium de ses défilés Chanel pour que les caméras filment les mannequins en mouvement. Les filles habillées par Karl portent jeans, sacs matelassés en denim, tee-shirts en résille qui laissent voir leurs seins et arborent par-dessus le marché une casquette dorée à l'envers, comme les rappeurs et les femmes de la rue...

Lagerfeld a connu la modernisation d'un artisanat dans les années 60 et 70, il assiste à sa mutation industrielle et financière et n'a pas l'intention de se laisser distancer. De nouveaux acteurs sont arrivés dans son univers. Polytechnicien à sang froid, longiligne, Bernard Arnault a fait son entrée dans la mode en y rachetant en quinze ans presque tout ce qui compte. Parfois, Karl Lagerfeld en reconstitue la liste de mémoire : cette fameuse année 1993, où Saint Laurent se plaignait de la laideur de la rue, Bernard Arnault, déjà à la tête de Dior et de Louis Vuitton au sein du groupe LVMH, a racheté Berluti et Kenzo. Le styliste japonais qui dansait avec Jacques au Palace n'a conservé que la propriété de son nom complet, Kenzo Takada.

L'année suivante, Arnault rachetait les parfums

Guerlain. En 1996 et 1997, il a absorbé tour à tour Loewe, Marc Jacobs et Sephora. Puis, en 1999, le chemisier britannique Thomas Pink, les cosmétiques Make Up For Ever et l'Italien Emilio Pucci, le « Prince des imprimés », sont tombés dans son escarcelle. L'année suivante il a digéré Fendi, la maison de la styliste américaine Donna Karan, DKNY, et la Samaritaine en 2001.

Karl Lagerfeld peut citer pareillement l'offensive de l'industriel François Pinault, qui a quitté le commerce du bois pour se lancer lui aussi dans l'industrie du luxe. Treize ans de plus qu'Arnault, breton, amateur d'art, Pinault a acquis à partir de 1995, avec son groupe PPR (Pinault-Printemps-Redoute), les marques Gucci, Yves Saint Laurent, Boucheron, Bottega Veneta, Alexander McQueen. Les journaux économiques ont maintenant des experts « industrie du luxe » pour mieux suivre ce tourbillon étourdissant.

Au-delà de la mutation industrielle, c'est un changement intellectuel et affectif, une transformation des mœurs. « *Avant, tu invitais Saint Laurent, Lagerfeld et Givenchy à dîner, et ta soirée était réussie. Puis ce fut Claudia Schiffer, Ines de la Fressange et Cindy Crawford. Maintenant, il faut convier Arnault et Pinault* », confie la mondaine Ira de Fürstenberg à ses amis.

Lagerfeld a atteint la soixantaine en 1993, mais, aux yeux de ces nouveaux tycoons de la mode, il est une sorte de modèle préfigurant l'avenir, un athlète complet. Il dessine, crée, communique et, depuis 1987, réalise lui-même les photos de ses modèles pour les press-books et les publicités. Le tout en s'adaptant aux styles des différentes maisons auxquelles il collabore. « Directeur artistique », c'est le métier qu'il incarne, prototype du créateur moderne qui s'investit dans tous les domaines et invente l'identité d'une marque. *« Il a rendu le pire service à la mode en faisant croire qu'un designer peut travailler pour deux ou trois marques »*, soupirent ses confrères.

Ses journées sont à rallonge. Le styliste se lève toujours à 5 heures pour dessiner les collections mais dessiner n'occupe plus désormais que la moitié de son temps. L'autre moitié est dévolue à la communication et la publicité : tournées mondiales en avion privé, séances photo, interviews, quel autre styliste y dépense autant d'énergie ? *« Je le revois très bien, lors d'une tournée de promotion en Asie pour KL,* se souvient Ralph Toledano, alors directeur général de la maison. *Au Japon, à Hong Kong, il avait été reçu comme un roi, Rolls à l'aéroport et suite gigantesque. Mais arrivé à Singapour, la chaleur étouffante et humide l'a saisi. Et ces gens qui lui mettaient des colliers en plastique autour du cou… Il voulait repartir aussitôt dans son avion. Nous nous sommes finalement retrouvés au Hilton… Brahim, son chauffeur, est parvenu à le convaincre de faire une sieste. Et voilà que le type du quotidien local débarque plus tôt que prévu ! »* Toledano est encore bluffé d'avoir vu Brahim assurer à Lagerfeld derrière la porte de sa chambre : *« Le maire de Singapour est là ! »* pour le faire lever. *« Une demi-heure plus tard, Karl est arrivé, impeccable. Le journaliste en face faisait d'habitude les chiens écrasés et ne connaissait rien à la mode. Mais Karl lui a donné une heure d'entretien ultra-professionnel et le type était enchanté ! »*

Il faut qu'il soit sans cesse en éveil pour ne pas se laisser distancer. En 1995, Bernard Arnault a fait venir chez Givenchy le styliste Britannique John Galliano. Dès l'année suivante, Galliano est chez Dior. Quelle menace, soudain, pour Karl ! Chaque collection du nouvel enfant terrible de la mode est saluée comme un événement. Chaque robe est d'une inventivité folle. Les tissus sont aériens, les coupes sexy ou poétiques. Indéniablement, Galliano lui aussi a un sens aigu de la publicité. Ses défilés sont construits comme une implacable machine de guerre planétaire. Toute la presse parle de ses mannequins mincissimes transformés en squaws sublimes ou en guerriers massaï, de ses cocottes du XVIIIe siècle et de ses filles-toreros. Les photos de la princesse Diana, qui inaugurait l'exposition des cinquante ans de la marque Dior au Metropolitan Museum of Art de New York en portant l'une des toutes premières robes signées Galliano, font le tour du monde. Depuis son arrivée, Dior a multiplié ses ventes par quatre.

Dès 1998, Karl Lagerfeld approche la « muse » de Galliano, Amanda Harlech. C'est une élégante Britannique, mariée à un aristocrate siégeant à la Chambre des lords, dont deux des belles-sœurs, Alice et Jane, ont inspiré Eric Clapton et les Rolling Stones. « *Vous serez mon troisième œil* », lui a dit Karl en lui proposant un contrat mirifique. Puis, comme il ne voulait pas se fâcher avec « John », il a avancé la meilleure solution : elle travaillera pour eux deux. Ainsi a-t-il l'illusion que son « troisième œil » est d'abord une longue-vue permettant de comprendre ce que prépare son rival...

Le nouveau maître de la mode Bernard Arnault, en manager aguerri, sait jauger les caractères. Que Karl se batte ainsi pour ne pas laisser Galliano le distancer déclenche, chez lui, l'intérêt et une forme d'admiration. C'est donc lui qu'il rencontre en premier, lorsqu'il projette, en 2000, de racheter Fendi. *« J'ai tout de suite compris qu'il était la clé de la réussite future »*, assure-t-il. Dans un salon tapissé d'œuvres d'art, au siège de Dior, avenue Montaigne, le patron de LVMH se souvient de ses interrogations, à l'époque. Les sœurs Fendi ne s'entendaient pas et se déchiraient sur la nécessité de vendre l'entreprise familiale. *« Karl était le seul à parvenir à les rassembler,* raconte-t-il. *Il a plaidé la cause de LVMH et, ensuite, sa seule présence a permis de stabiliser la maison. Je connais peu d'hommes qui associent, comme lui, le créateur génial et l'organisateur efficace. »*

Lagerfeld n'est plus seulement un styliste. Il est aussi devenu une sorte de conseiller de l'ombre des grands magnats de la mode et notamment de Bernard Arnault. Avec les frères Wertheimer, les conversations sont toujours un peu laconiques, même si Karl adore leur mère, Éliane Heilbronn. Les Arnault sont une famille qui se laisse un peu mieux pénétrer. Car à ce niveau de pouvoir, entremêler relations professionnelles et amicales est une règle de survie. Avec sa culture et son humour, Lagerfeld impressionne le grand patron. Arnault est richissime. Personne, en France, ne peut l'égaler. Mais Lagerfeld offre des attentions particulières. La musique est la passion du capitaine de LVMH ? Le couturier le convie dans son hôtel particulier de la rue de l'Université, cette splendeur parisienne du XVIIIe siècle, tout en dorures et velours de soie. Dans un salon, il a fait installer deux pianos à queue, tête-bêche, afin qu'Arnault puisse venir y jouer avec son épouse, Hélène, concertiste.

Lors du mariage, en 2005, de Delphine Arnault, la fille du magnat du luxe, avec un héritier italien, la noce a lieu au château d'Yquem, dans le Bordelais, propriété de LVMH. Une brochette de membres du gouvernement, dont Nicolas Sarkozy, ministre de l'Intérieur, et son homologue à l'Économie Thierry Breton, se pressent dans l'église, suivis de la plupart des patrons du CAC 40 et du chanteur britannique Elton John. Comment se distinguer ? À l'entrée du château, Lagerfeld a installé un studio photo où les convives sont invités à passer devant son objectif : ce sera son cadeau…

Astuce supplémentaire : il est l'un des rares à maintenir la même cordialité avec François Pinault, l'éternel rival du président de LVMH. *« Il m'est arrivé de lui demander son avis sur tel ou tel de ses confrères »*, reconnaît aujourd'hui le patron de Kering (ex-PPR). Les soirées prestigieuses que Karl Lagerfeld organise donnent la mesure de son ambition. Les dînettes d'autrefois, dans sa cuisine, autour d'un plateau de saucisses et un autre de fromages n'existent plus vraiment. Place aux soupers somptueux dans ses salons, organisés avec l'aide de Françoise Dumas, la grande prêtresse de l'événementiel. *« Sous le signe des poissons »*, c'est le thème choisi pour une de ses soirées annuelles. Non pas que Karl croie en l'astrologie, mais le prétexte permet d'inviter notamment le milliardaire belge Albert Frère et Betty Lagardère, tous deux nés sous les mêmes astres. Bien sûr, cette dernière vient avec son mari, Jean-Luc Lagardère, patron, entre autres, de *Paris Match* et de *Elle*.

Il dessine les cartons d'invitation du Bal de la Rose qui réunit, chaque année à Monaco, le gotha international. Pour les anniversaires, tous ces « amis » recevront des bouquets de fleurs accompagnés d'un petit portrait croqué par le maître et d'un mot manuscrit.

Tout cela est d'une grande habileté. Plusieurs figures de la mode comprennent moins vite à quel point le monde a changé. Des maisons indépendantes font faillite. Dès 1995, la créatrice de lingerie Chantal Thomass est licenciée par son principal actionnaire japonais et perd le droit d'utiliser commercialement son nom.

« *Mon mécène* », c'est ainsi que Christian Lacroix appelait Bernard Arnault… Naïveté. Au bout de quelques années de déficit, le patron de LVMH lâche l'affaire en 2005 : « *Il créait des robes de rêve, mais seulement pour les musées,* dit-il aujourd'hui. *Karl Lagerfeld, lui, produit un chiffre d'affaires mondial.* »

Cela a fait de lui un monstre de travail. À New York, où le couturier se rend pour la Fashion Week, il descend dans une suite de l'hôtel The Pierre, un palace situé face à Central Park. Puis saute le lendemain du défilé Chanel dans un avion pour Rome où il dessinera, une semaine durant, la collection Fendi. Le week-end, il photographie ses modèles dans ses maisons ou rue de Lille, à Paris, dans le studio qu'il a fait aménager devant sa gigantesque bibliothèque, remplie de livres d'art et de littérature.

À Paris, toute la semaine, ses équipes courent après lui. Ceux de KL téléphonent à ceux de Chloé, qui appellent chez Chanel : « *Où est-il ?* » Les ateliers de couture l'attendent pendant des heures. « *J'avais un classeur de chansons, et nous chantions pour patienter*, se souvient Anita Briey, alors première d'atelier chez KL. *Toutes les ouvrières étaient furieuses. Et puis, il arrivait vers 22 heures et… elles étaient toutes ravies.* »

On le respecte pour sa connaissance du métier, on admire sa culture et son esprit. On recherche sa générosité. Karl Lagerfeld a conservé cette manière de ligoter les autres par ses cadeaux somptueux. Il glisse à un jeune apprenti une enveloppe de billets pour se loger, propose l'une de ses nombreuses maisons à une collaboratrice pour ses vacances, apporte aux ateliers des plateaux de fromages, des pâtisseries et des bonbons. Il dévore, lui aussi. C'est sa façon de noyer son stress sous des litres de Pepsi et des montagnes de saucisses de Francfort, celles qui ont encore le goût de son enfance.

Que cherche le couturier dans cette frénésie de contrats, ces voyages, ces dîners avec les grands capitaines d'industrie ? « *La consolation* », veut croire Diane de Beauvau-Craon. « *Le pouvoir et l'argent, bien sûr* », assure Ralph Toledano. Depuis le début des années 90, l'or ruisselle sur la mode. L'industrie du luxe est devenue le secteur d'excellence de l'économie française et l'un des pôles les plus attrayants de l'économie mondiale. Autrefois, les couturiers vivaient comme de grands bourgeois. Désormais, les stylistes les plus en vue sont multimillionnaires.

Tout le monde est au moins d'accord sur un point : c'est bien à l'occasion d'une négociation sur le redressement fiscal de Karl Lagerfeld que Me Alain Belot, l'avocat du couturier, a rencontré en 1999 Dominique Strauss-Kahn, dans un bureau discret du ministère de l'Industrie. Et c'est aussi là qu'il a glissé au ministre de l'Économie une cassette où Jean-Claude Méry racontait en détail le financement occulte du RPR et des campagnes de Jacques Chirac.

Karl Lagerfeld se serait bien passé de cet imbroglio qui, en 2000, jette soudain une lumière crue sur ses tentatives pour ne pas payer d'impôts. Depuis son installation à Monaco, le fisc français a épluché ses contrats mirifiques et son train de vie somptueux avant de découvrir une faille : La Vigie, sa splendide villa au bord de la Méditerranée, qu'on croyait en territoire monégasque, est située... à Roquebrune-Cap-Martin, en France.

Dès l'élection de Jacques Chirac à l'Élysée, en 1995, Lagerfeld a fait intervenir son épouse Bernadette, une « amie » qu'il habille et invite fréquemment à dîner. Il a déjà obtenu un dégrèvement record... Mais son comptable, Lucien Frydlender, a continué ses opérations financières sophistiquées. S'il n'y avait eu le scandale de la cassette Méry, qui aurait su que DSK avait accordé une nouvelle remise de 160 millions de francs et ramené le redressement fiscal à 46 millions ? Cette fois, il faut payer. Karl Lagerfeld doit céder sa collection de meubles et de tableaux, trois jours de vente chez Christie's. Le reste de la somme sera réglé... par la famille Wertheimer.

16

Comment avait dit cette cartomancienne de la rue de Maubeuge qu'il était allé voir, avec Yves et Pierre, vingt-cinq ans plus tôt ? « *Ça commencera pour vous quand ça se terminera pour les autres…* » Nous y voilà. « *Ça se termine* » peu à peu pour Saint Laurent. Il ne dessine plus. Un soir qu'Ines de la Fressange était venue dîner chez lui, il s'est fait apporter un jus de fruits en guise d'apéritif : « *Si je bois de l'alcool, la nuit je vois des araignées et des serpents…* »

Jusqu'ici, « *le petit prince de la mode* », comme on l'appelait trente ans auparavant, a tout dominé. Ses smokings et ses sahariennes sont inscrits au panthéon de la mode. Les femmes le révèrent. Il a tous les honneurs et beaucoup d'argent. Mais, confie-t-il sans fard au *New York Times* en décembre 2000, « *je n'ai plus de sexualité, maintenant. Et c'est dommage pour la créativité. Pas d'alcool, pas de sexe, c'est très, très difficile de créer…* ». Son pygmalion Pierre Bergé dit les choses autrement : « *Les nouveaux financiers veulent faire de l'argent tout de suite. (…) Une chose leur manque : l'âme.* »

À la tête de la couture YSL, le nouveau propriétaire François Pinault a nommé Tom Ford, un Américain né au Texas, amateur d'architecture et rompu à la publicité. Yves rêvait de recréer une élégance proustienne, Ford est le roi du porno chic qu'il a lancé avec succès chez Gucci. Lors de ses défilés, ce ne sont plus seulement les critiques des rédactrices de mode qui importent. Les analystes financiers de JPMorgan publient eux aussi leur jugement. À leurs yeux, les collections de Ford sont « *smart* », « *hyper modern* » et même « *safe* », « *elles devraient bien se vendre* ». Yves ne comprend plus son temps.

Le 7 janvier 2002, il a fait ses adieux à la mode : « *C'est aussi à ces fantômes esthétiques que je dis adieu…* » Karl l'a vu à la télévision lire son texte, sa main droite vissée sur la table : « *Je suis passé par bien des angoisses, bien des enfers. J'ai connu la peur et la terrible solitude. Les faux amis que sont les tranquillisants et les stupéfiants. La prison de la dépression et celle des maisons de santé…* » Il a entendu cette voix d'enfant, un peu traînante, et vu ce visage ravagé : à soixante-cinq ans, Yves a l'air d'un vieillard qui se teint encore les cheveux.

Ce relâchement, cette nostalgie, cet apitoiement sur soi-même, cette dépression constante – « *une faute de goût* » –, c'est tout ce que déteste Lagerfeld. Plusieurs fois par semaine, Yves se rend chez son psychanalyste, quand Karl soutient que « *cela tue la créativité. Si on est honnête avec soi-même, on connaît les questions et les réponses. Je n'ai pas besoin de psychanalyste parce que je connais les réponses* ».

Jusqu'ici, il s'abstenait de critiquer Saint Laurent, mais maintenant qu'il est puissant et que les micros se tendent, il commente son départ avec trop de cruauté pour masquer la rivalité qui depuis quarante ans les oppose. « *Balenciaga s'est retiré de façon plus discrète et Chanel est morte en faisant des robes. Franchement, il n'est pas assez vieux pour ça… Mais à vrai dire, je m'en fous. Ça ne manque à personne et ils ont la chance d'avoir Tom Ford. Bravo, Tom ! »* Quand il parle ainsi, avec cet accent qui martèle les mots comme le marteau d'un ferronnier, on croirait entendre le fantôme de sa mère fustigeant sa faiblesse d'enfant.

Mais quel soulagement de ne plus avoir Yves Saint Laurent toujours juché une marche au-dessus de lui ! C'est peut-être là le premier secret de l'exceptionnelle longévité de Lagerfeld : il a vaincu Saint Laurent à l'endurance. Non pas qu'il l'ait doublé au panthéon des couturiers, où YSL reste inatteignable. Mais il lui a survécu. « *Mozart et Salieri* », c'est ainsi que Suzy Menkes, la chroniqueuse mode de l'*International Herald Tribune*, avait qualifié, en 1988, la compétition légendaire entre les deux couturiers. « *Salieri a eu une plus belle vie* », rétorque Lagerfeld. Enfin, il peut se permettre de ne plus être sur le pied de guerre : Yves était le roi, il est vraiment, cette fois, le Kaiser.

Il faut prêter une attention particulière à ce régime, entrepris au cours de l'année 2000, au moment justement où Saint Laurent paraît dételer. Dix kilos perdus, puis vingt, puis trente. Autour de Karl, la plupart des assistantes des studios KL et Chanel ont dû suivre le même programme hypocalorique draconien, comme les courtisans s'astreignent à suivre la nouvelle lubie de leur seigneur. Aucune n'est parvenue à tenir sa discipline.

C'est que Lagerfeld a un objectif qui surpasse toutes les motivations. Le 28 janvier 2001 est le jour du premier défilé d'Hedi Slimane pour Dior Hommes. Ce Français longiligne et sophistiqué, qui a d'abord voulu entrer comme journaliste au *Monde* avant d'opter pour la mode, est le nouveau protégé du duo Bergé-Saint Laurent. Ils sont là, d'ailleurs, assis tous les deux en *front row*, ce premier rang réservé aux stars. Karl Lagerfeld, lui, est en coulisses, muni de son appareil photo, pour saisir la naissance de ce nouveau génie de la mode, adoubé par le tandem ennemi. *« Encore dix kilos à perdre. Peut-être plus… Je veux être le premier à porter cette collection »*, s'est juré Lagerfeld. Six mois plus tard, il rentre dans les costumes étroits de Slimane et c'est comme s'il avait digéré Saint Laurent.

Quarante-deux kilos perdus en treize mois. C'est la première étape de sa transformation du XXIe siècle. Après dix ans de festins de saucisses et de gâteaux, il était devenu une sorte d'imposant pacha, masquant sa corpulence sous les chemises amples de Yohji Yamamoto. Il va sur ses soixante-dix ans : il faut rajeunir ! Désormais, Kaiser Karl porte des mitaines qui cachent les taches de vieillesse sur ses mains, des jeans et des vestes cintrées, des croix en sautoir et des bagues à tête de mort, comme les rockers. Et de fines bottines confectionnées par Massaro qu'il commande *« bien serrées »* pour se rappeler sans cesse sa leçon de maintien. *« Mieux que les balances, les vêtements* petits. *Rien n'est plus méchant qu'un pantalon qui ne ferme pas* », clame-t-il.

Il a aussi dessiné pour Hilditch & Key des chemises blanches à col montant rigide qui masquent les méfaits du temps sur son cou. Officiellement, il est question de prestance, de port de tête ou de ressembler « *au ministre de Weimar, Walther Rathenau, l'idole de ma mère* ». En vérité, dit-il avec humour à ses collaborateurs, il s'agit d'empêcher « *de tout voir dégringoler. Ce n'est pas maintenant que je vais me mettre à la chirurgie esthétique, je hais les opérations et, à force, on finit par ressembler à une tête réduite par les Navajos* ».

Partout où il trouve un miroir, Karl s'observe avec enchantement. « *Le narcissisme est une bonne chose. Cela vous empêche de vous laisser aller, ce n'est rien d'autre qu'un instinct de préservation* », note-t-il. Plutôt que de reprendre la musculation, « *à mon âge, ce serait ridicule* », il s'est mis au tango, avec un professeur particulier qu'il fait venir chez lui dans son immense salon XVIIIe… À quoi riment tant d'efforts ? « *Je veux simplement être un bon cintre* », dit-il dans une forme d'autodérision qui masque son angoisse de vieillir. Même sa plus proche amie, la Sud-Africaine Ingrid Sischy, l'ancienne rédactrice en chef d'*Interview*, le magazine d'Andy Warhol, qui signera l'entretien préfaçant le livre où il explique son régime, n'osera pas aborder cette question. Maintenant qu'il est mince et satisfait de son allure, il est prêt pour lancer son ultime défi : devenir une icône planétaire.

S'il faut chercher l'instant précis où « Kaiser Karl » s'est transformé en ce personnage que, de New York à Pékin, tout le monde reconnaît, il faut sans doute s'arrêter au printemps 2004. C'est la seconde étape. Ce jour-là, il a fait préparer, dans le vaste salon blanc au premier étage de son hôtel particulier, un déjeuner somptueux. Du caviar d'Iran dans de grands saladiers noirs, des vins fins, de la vaisselle en porcelaine et des verres de cristal, des fleurs partout… Lui-même ne touche presque à rien, mais le couturier veut impressionner ses hôtes suédois. Margareta van den Bosch, la directrice artistique de H&M, est venue de Stockholm, flanquée de son P-DG et de son directeur marketing, et c'est assez audacieux d'offrir ce décor digne d'une cour d'Ancien Régime aux rois de la mode bon marché.

Imposante, toujours habillée de noir, la patronne du style *chic and cheap* est rarement intimidée. Habituellement, elle règne d'une main de fer sur la centaine de designers chargés de renouveler chaque saison les collections des 1 700 boutiques de l'enseigne suédoise. C'est elle qui a eu l'idée de faire appel au couturier pour surprendre la clientèle et faire grimper les ventes. Elle tient à le séduire.

Six mois auparavant, derrière ses lunettes cerclées de noir, Margareta van den Bosch a lu les résultats du sondage international qu'elle avait commandé. « *Karl Lagerfeld est le plus connu dans le monde. Les autres sont trop vieux ou alors ils sont morts* », a-t-elle assené à ses équipes. Maintenant qu'elle a convaincu le père et le fils Persson, les propriétaires et patrons de la marque, elle veut être certaine que le partenariat va fonctionner.

La Suédoise Margareta connaît les hommes bien

au-delà des études marketing. Karl Lagerfeld a soixante et onze ans, des honneurs et de l'argent. Comme toujours, il a été éblouissant, avec son humour et sa fine connaissance de la littérature scandinave. Mais sa minceur de jeune homme, ces mitaines en cuir et ce col blanc qui cachent ses mains et son cou, laissent d'emblée comprendre qu'il mène contre le temps une course dont on ne sort jamais vainqueur. « *Tout le monde vient dans nos boutiques, et des jeunes, beaucoup de jeunes* », a-t-elle habilement glissé. Lagerfeld n'a pas résisté et a signé le juteux contrat qui va faire de lui le premier couturier de haute couture auteur d'une collection de vêtements à moins de 150 euros.

Le 12 novembre 2004, alors que les boutiques H&M ouvrent leurs portes, une longue file attend sur le trottoir. À Paris, rue de Rivoli, les vêtements Lagerfeld sont présentés au sous-sol, et l'on manque de s'étouffer, tant la foule est excitée. Partout ailleurs, on constate la même hystérie, filmée par les journaux télévisés.

Pour annoncer dans le monde entier cette collection conçue par un grand nom de la couture, la firme suédoise a imaginé une publicité drôle et provocante, en anglais. Dans un décor de lustres et de lambris – est-ce un souvenir du déjeuner dans le salon blanc de la rue de l'Université ? –, deux snobs vieillissants et ridicules manquent de s'étouffer devant leur œuf coque au caviar : « *But it is impossible ! Karl, is it true ?* » (« Mais c'est impossible ! Karl, est-ce vrai ? »), « *Of course it's true* » (« Bien sûr, c'est vrai »), répond un Lagerfeld imperturbable, qui a tenu à jouer son propre rôle. Face aux élites sclé-rosées, il affirme son entrée dans une nouvelle ère : la consommation de masse, rapide et éphémère. La marque, elle, annonce une augmentation des ventes de 24 % pour le seul mois de novembre 2004. La rue porte ses tops pailletés et ses petites robes noires à moins de 60 euros.

Karl Lagerfeld n'est plus seulement un couturier de luxe. Il est devenu populaire. « *Il ferait mieux de s'occuper de son jardin* », persiflaient les deux snobs de la pub H&M. « *Pourquoi s'occuper de son jardin, lorsqu'on peut avoir une forêt ?* » répond-il. On ne saurait mieux dire sa volonté de voir plus grand. Coca-Cola, Volkswagen, Hogan, 3 Suisses, Sephora, Canderel, on ne compte plus ses collaborations avec des marques grand public. Jusqu'à cette campagne de prévention de la Sécurité routière, en 2008, où il arbore un gilet fluorescent qui va le placer dans le camp de ceux qui se soucient du bien public.

Le « créa » de l'agence de pub chargée de popu-lariser le fameux gilet en a d'abord acheté un et l'a porté toute une journée. « *C'est moche !* » ne cesse-t-il d'entendre. Comme Margareta van den Bosch, il a ensuite « googlisé » trois mots, « mode + moche + personnalité » : il est tombé tout de suite sur Lager-feld. Il n'a eu qu'à faire un petit montage Photoshop en revêtant la silhouette du couturier du fameux gilet jaune, au-dessus de la baseline qu'il vient d'imagi-ner : « *C'est jaune, c'est moche, ça ne va avec rien, mais ça peut vous sauver la vie…* »

La Sécurité routière fonctionne sur des fonds publics. Elle n'a que 4 000 euros à proposer à son mannequin du jour. « *Pour Karl, zéro ou 4 000 c'est un peu la même chose...* », a glissé l'assistante du couturier. Il posera gratuitement. Mais Karl Lagerfeld y gagne bien plus qu'un simple cachet : son image est apposée en grands panneaux 4×3 sur toutes les autoroutes de France...

Désormais, Kaiser Karl veut de la démesure. John Galliano, chez Dior, multiplie les défilés spectaculaires ? Lagerfeld lui emboîte le pas. Voici ses créations sur la muraille de Chine, pour Fendi, en 2007. Pour Chanel, il fait construire des décors grandioses au Grand Palais, un paquebot de croisière reconstitué, des jardins à la française, les quais de la Seine, une fusée qui décolle dans un nuage de fumée. Même les contextes improbables ne l'arrêtent pas : en 2016, c'est au cœur de La Havane communiste qu'il fait boucler le Paseo del Prado pour quatre cents VIP, des milliers de Cubains se pressant aux balcons pour apercevoir l'Occident capitaliste et les mannequins Chanel défiler. Chaque fois qu'une voix s'inquiète, « *Mais cela va coûter très cher... Mais cela va choquer* », il balaie les peurs d'un « *Oui, mais c'est ça qui est rigolo...* ».

Le luxe et le bon marché, la beauté et le kitsch, Karl Lagerfeld n'a jamais eu peur de les manier tour à tour. Y a-t-il un autre exemple de couturier capable du plus grand raffinement dans la haute couture et de cette autocélébration permanente à travers des colifichets ? À Pékin et à Moscou, on peut trouver au marché des pin's à l'effigie de Karl Lagerfeld. Partout dans le monde, il existe des bonnets, des tee-shirts, des tasses, des stylos griffés de son célèbre profil. La silhouette du couturier se décline aussi en ours en peluche et en poupée Barbie. Même Fendi a créé une gamme « Karlito », avec un sac et un porte-clés.

Est-il heureux de ce masque qu'il porte en permanence ? Question superflue, le masque c'est encore lui. *« Un jour, vous savez, je suis sorti dans la rue sans apprêt, coiffé seulement d'un bonnet*, s'amuse-t-il. *Un type m'a arrêté au bout de quelques minutes : "Alors, Karl, tu te déguises ?" »* Ainsi donc, ces lunettes fumées, ce catogan, ce costume noir et ce haut col blanc, toute cette « panoplie », comme il dit, sont devenus son naturel et le naturel passe pour un artifice…

Caroline de Monaco, qui a été si longtemps poursuivie par les paparazzis, s'étonne chaque fois de l'engouement qu'il suscite. *« Pour ma part, j'ai pris l'habitude de me rendre invisible. Je peux sortir dans Paris sans que personne ne me reconnaisse*, assure la princesse de Hanovre. *Lorsque je suis avec Karl, c'est sur lui que l'on se précipite. »*

C'est donc cette gloire planétaire qu'il recherchait ? Cette représentation du moi, parfaitement stylisée – lunettes noires et queue de cheval –, qui lui a offert une célébrité de rock star et transcende les classes et les générations ? *« Un jour, trois jeunes de banlieue nous ont arrêtés rue de Rivoli : "Ah, Karl, on t'aime !"*, raconte Jean-Jacques Picart, célèbre attaché de presse de la mode. *Ils ne savaient probablement pas qu'il était un créateur de mode. Mais Lagerfeld était enchanté. "C'est ce que j'aime*, disait-il, *plaire aux jeunes de tous les milieux." »*

La jeunesse est une obsession, dans ce monde où,

avant même d'atteindre trente ans, un mannequin est jugé fané. Pour Karl Lagerfeld, c'est un défi. Un effort constant pour se tenir aux avant-postes de la modernité. Chaque mois, il achète le smartphone dernier cri en plusieurs exemplaires, qu'il distribue ensuite à son entourage. « *Je me régénère* », dit-il. Ce look qu'il s'est inventé se prête magnifiquement aux caricatures, mais aussi au marketing, à cette nouvelle ère de l'Internet et de l'image numérique qui a enterré l'univers de ses débuts. En juillet 2013, il avait présenté son défilé Chanel dans le décor d'un théâtre en ruine à l'horizon duquel se dressait une ville de science-fiction : comment mieux dire qu'il veut encore s'adapter ?

Karl Lagerfeld maîtrise presque entièrement ce qui s'écrit sur lui. Cinquante ans qu'il domine l'industrie du luxe et il n'existe aucune biographie. Ni en français, ni en anglais, ni en allemand. La plupart des témoins n'ont pas parlé de son vivant, ou alors sous la promesse d'un strict anonymat.

Directeur artistique star de Chanel, la maison aux 8 milliards d'euros de chiffre d'affaires, styliste vedette de Fendi, au sein du leader mondial LVMH, ami de Bernard Arnault et de la famille Wertheimer, cela compte auprès de la presse et des éditeurs. Rares sont les articles négatifs sur ses collections. Il n'y a que très peu d'enquêtes sur son parcours. En 2006, il a attaqué en justice The Beautiful Fall, *un livre qui racontait trente ans de mode à Paris, écrit par la journaliste britannique Alicia Drake. Il a obtenu que la version française soit expurgée. Mieux, en faisant largement savoir dans le milieu de la mode qu'il avait détesté l'ouvrage, il est parvenu à faire en sorte, sans lever le petit doigt, que les magazines de mode n'en parlent pas. Encore aujourd'hui, beaucoup de ses proches affirment haut et fort qu'ils ne l'ont jamais lu.*

« Les médias sont faciles à manipuler », dit-il. Sa méthode : s'offrir en spectacle. Son stock d'anecdotes et de vacheries est si fourni – même s'il les répète d'année en année – que la plupart des journalistes renoncent à toute enquête pour ne garder que lui seul à l'écran. Son allure, ses mitaines, ses bagues et ses cheveux coiffés en catogan aimantent l'attention. Quel meilleur masque qu'un visage que tout le monde reconnaît ?

17

Karl Lagerfeld a fini par se croire immortel. Il n'y a pas de fin véritable dans un monde où tout est éphémère et se renouvelle continuellement. Lorsqu'il prend l'avion, le couturier rassure toujours ceux de ses collaborateurs qui prient ou serrent les dents aux premières turbulences : « *Ne t'inquiète pas, il ne nous arrivera rien puisque je suis là pour vivre éternellement.* » Avec ses jeans et ses vestes noires, ce catogan retenant ses cheveux poudrés de gentilhomme, Kaiser Karl n'appartient plus à aucune époque. Est-il de l'Ancien Régime ou du transhumanisme ?

Pour brouiller encore un peu plus les pistes, il a une nouvelle fois déménagé. Le royaume de la rue de l'Université, avec ses dorures et ses candélabres, le tirait vers un temps révolu. Il a opté pour trois cent cinquante mètres carrés quai Voltaire, d'où il voit la Seine et le Louvre. Les travaux ont duré deux ans et demi pour faire tomber les cloisons de huit pièces et tout redécorer. L'endroit est immense, d'une modernité glacée.

Dans le salon, des parois en verre bleuté, escamotables, s'ouvrent sur une bibliothèque contenant un échantillon des quelque 40 000 livres de son énorme collection. « *Je ne veux rien d'antérieur à l'an 2000* », a-t-il précisé à son décorateur. Des stations iPod, des écrans connectés, de grands canapés en cuir blanc… Une amie venue le visiter un soir a été effrayée de découvrir, dans la cuisine chromée d'une froideur clinique, le dîner frugal du maître qui attendait, sous un papier d'aluminium, d'être réchauffé. Il vit seul – hormis son personnel – dans cette retraite qui correspond si bien à son nouvel état d'esprit.

Le matin, Lagerfeld dessine « *vêtu d'une grande chemise de piqué de coton blanc, le corps talqué et parfumé au N° 19 de Chanel* », détaille-t-il comme un roi dont le corps appartient à tous, du lever jusqu'au coucher. L'après-midi, essayages chez Chanel ou au studio KL et interviews pour la presse. On s'étonne qu'il accepte tant de contrats en sus de ceux qui le lient à Chanel et à Fendi, qu'il se prête à ces inaugurations d'hôtel en Malaisie, à ces publicités pour des sodas, des voitures ou des crèmes glacées, qu'il dévoie parfois son nom et son image. C'est qu'il lutte contre l'angoisse du vide. Ses collaborateurs se sont accordés pour toujours lui organiser des séances photo ou des voyages le week-end, afin qu'il ne soit jamais désœuvré. La nuit, depuis les quais, on aperçoit les fenêtres de son appartement dont les lumières halogènes restent allumées du crépuscule à l'aube, comme pour les enfants qui ont peur du noir.

Le styliste n'a ni descendance ni compagnon. Seulement une jolie chatte, un birman aux yeux céladon, qu'il emmène parfois en voyage dans un sac Vuitton. Lorsqu'il quitte son sérail ultramoderne, sur son téléphone parviennent à intervalles réguliers des photos de Choupette, envoyées par la nurse de l'animal. Choupette trônant sur les dessins de sa prochaine collection. Choupette dormant avec sa poupée Karl, comme un amour envahissant et fidèle. Sans craindre de choquer, en ces temps de crise et de contestation sociale, il a largement fait savoir qu'avec les photos de publicité où elle pose, la charmante minette est à la tête d'une fortune de 3 millions d'euros et qu'il l'a déjà couchée sur son testament. C'est lui qui a pris cette photo qui le montre en jouet entre les pattes de ce félin miniature, comme un trait d'ironie sur lui-même.

Après l'émancipation des années 50, les fêtes tumultueuses des années 70, le succès et la gloire, Karl Lagerfeld se prépare sans le dire à son dernier voyage en solitaire. Il n'y a plus autour de lui de gens de son âge. Peu à peu, ils ont disparu ou il les a évincés. Il trouve que les « vieux » abandonnent trop vite la compétition du monde. Lui n'a rien lâché. Un jour qu'il regardait un documentaire allemand sur les centenaires, il a été frappé d'une évidence qu'il pressentait déjà. Les enquêteurs cherchaient le secret de la longévité de ces hommes et femmes ayant dépassé le siècle : alimentation, sport, sommeil ? « *Je suis curieuse de ce qui se passera demain* », assurait une femme de cent six ans tout à fait pimpante. C'est exactement cela. « *Je veux tout savoir, tout connaître, être au courant de tout*, dit-il. *C'est une espèce d'opportunisme intellectuel, et de frénésie frivole, peut-être superficielle, mais en fin de compte, je suis plus cultivé ou renseigné que la plupart des gens qui font ce métier. »*

Dans l'immense bibliothèque qui grimpe jusqu'au plafond et sert de décor à son studio de photo, derrière la librairie qu'il a créée, rue de Lille à Paris, on trouve de la poésie, des livres d'art, des dictionnaires de grec ou d'italien, des ouvrages d'histoire et de la littérature française, anglaise, allemande. Colette et Catherine Pozzi, Emily Dickinson et Keyserling, ses auteurs préférés ; mais aussi plusieurs versions de *Faust*, cet homme qui vendit son âme au diable pour acquérir la connaissance universelle. Faust, c'est lui. Vivant pour l'éternité.

Sur les photos, dont il contrôle strictement la diffusion, il n'y a d'ailleurs autour du couturier que des visages juvéniles. En 2008, Karl a lancé un jeune mannequin, le premier garçon parmi ces beautés dont il a fait la carrière. Baptiste Giabiconi a quelque chose de Karl à vingt ans. Des yeux brun foncé, une bouche sensuelle et ce même air oriental qui semait la confusion et laissait croire, à ceux qui croisaient le jeune Allemand d'autrefois, qu'il venait des rives du Bosphore plus que de cette ville entre la mer du Nord et la Baltique. Une sotte rumeur l'a cru amoureux de ce garçon né en 1989, l'année où Jacques de Bascher est mort. Il a plutôt confusément trouvé son double physique dans ce jeune homme qui l'appelle « papa ».

Dans cette famille réinventée qu'il fait jouer dans les petits films trop léchés réalisés pour Chanel, on trouve aussi le mannequin Brad Kroenig et surtout son fils Hudson, un genre de petit lord Fauntleroy, ravissant et mal élevé, dont Lagerfeld est le parrain. Comme pour Choupette, Karl assure partout que l'enfant est pourri gâté. « *Je lui ai offert une Rolex, parce qu'il se plaignait d'être en retard à l'école* », provoque Lagerfeld dans les journaux, sans craindre de choquer. C'est sa façon à lui de défier les convenances.

Celui qu'il a choisi, cependant, comme homme de confiance et de compagnie, l'homme qui dîne tous les soirs avec lui pour peupler sa solitude, est tout le contraire de ce petit prince d'à peine dix ans. Sébastien Jondeau est un beau garçon, intelligent et droit. On le voit toujours à deux pas du couturier qu'il protège des quémandeurs, des opportunistes et des fans qui, partout, veulent le toucher. « Seb », comme l'appelle la cour du Kaiser, avait une quinzaine d'années lorsque, en travaillant pendant les vacances dans l'entreprise de transport de son beau-père, il s'est occupé de charger dans un camion de déménagement les meubles et les œuvres d'art de Lagerfeld. Il n'avait jamais vu un hôtel particulier comme celui de la rue de l'Université, ni un client, mi-aristo mi-punk, distribuant des pourboires de 500 euros. Lorsque Sébastien a eu vingt et un ans, Karl l'a engagé comme garde du corps et, au fond, homme à tout faire.

Leur histoire est le fruit de la rencontre de deux mondes et, aux yeux de Lagerfeld, d'une transmission éducative réussie. Jondeau a grandi entre Aubervilliers et Garges-lès-Gonesse. « *Lorsque nous allons prendre un avion privé au Bourget, dans la Rolls de Karl, nous passons près des immeubles où j'ai vécu, le long des champs où je faisais de la moto sur des engins volés… * », raconte-t-il. Ce garçon sait reconnaître, dans ce drôle de milieu où navigue Lagerfeld, *« ceux qui habillent les gens et ceux qui les sauvent et aussi les deux ou trois perchés qu'il faut savoir gérer ».* Le couturier ne l'a pas seulement engagé, logé à trois pas de chez lui, fait tourner dans des publicités et même fait monter sur un podium pour défiler. *« Il m'a donné l'éducation et les livres, m'a apporté l'Histoire et l'art sur un plateau. »* Peut-être est-ce devant lui que, le soir, Kaiser Karl se dépouille enfin de son personnage, comme on relâcherait les fils d'une marionnette. *« Il n'a pas de vie secrète, vous savez,* assure pourtant le bodyguard, *cela reste très monacal, il ne fait que travailler. »* Lagerfeld est à la fois un patron et un père, *« mais aussi un enfant et un ami »*, dit « Seb » qui voit tout de lui mais prend soin d'ignorer l'allemand pour lui laisser un peu d'intimité.

La vie aurait pu continuer ainsi. Avec ces quelques dîners mondains chez Bernard Arnault où Lagerfeld a rencontré Emmanuel et Brigitte Macron. Avec ces voyages au bout du monde et ces interviews à la chaîne. Avec ces défilés spectaculaires et leurs brochettes de stars.

Et puis, un jour, Karl Lagerfeld a appris qu'il était malade. *« Cancer »*, ont dit les médecins de l'hôpital américain. Cancer, ce n'est pas sida, comme au temps où Jacques a su qu'il était contaminé. On en revient. Le couturier avait lu comment François Mitterrand avait survécu au sien pendant quatorze années, malgré tous les pronostics, et, comme lui, il a entrepris de le cacher. Même Sébastien qui l'accompagnait pourtant chez les médecins et les acupuncteurs, même Caroline Lebar, sa plus fidèle collaboratrice, ont deviné plus qu'ils n'ont su. Un jour que Caroline évoquait les examens d'un proche pour une suspicion de cancer de la prostate, elle a entendu Lagerfeld demander tranquillement : « *Quel est son taux de PSA ?* », et elle a compris qu'il était lui-même parfaitement documenté.

Il a fallu trouver des subterfuges lorsque les métastases ont gagné. Le couturier a pris le parti de venir saluer, à la fin des défilés, appuyé sur l'épaule du petit Hudson, pour ne pas risquer de tomber. C'était ce qu'il craignait le plus, trébucher en public sur ces podiums dont il avait fait le décor de sa vie intime. Ses os sont devenus fragiles. Continuellement sous le feu des photographes, dans ce milieu qui se chronique lui-même sur Instagram, des clichés inquiétants avaient été publiés montrant un sourire édenté. Son équipe a dû plaider une allergie aux anesthésiants pour justifier qu'il ne se fasse pas soigner.

En janvier 2018, lorsqu'il est apparu le visage caché par une barbe blanche bien taillée, masquant à peine ses lèvres pâles, le changement a été si saisissant qu'il a dû venir à la télévision pour certifier qu'à quatre-vingt-cinq ans il allait bien. C'est le piège, lorsque l'on s'est dessiné une allure qui vous identifie dans tous les pays du monde. Quelques années plus tôt, il disait avec cette ironie sarcastique sur lui-même : « *Tous les matins, j'ai mon petit quart d'heure de stylisme. Je mets en scène la marionnette.* » C'est devenu une réalité plus cruciale encore. Il fallait chaque jour remettre le masque de l'homme plein d'allant, alors qu'il se sentait faiblir.

Tout l'entourage de Lagerfeld avait vu comment, en 2015, il avait littéralement fui plutôt que d'accompagner jusqu'à la mort son ami Pierre Hebey. L'avocat et essayiste avait été renversé par une voiture. Autrefois d'une intelligence étincelante et redoutable, il n'était plus que l'ombre de lui-même. Alors Karl avait disparu du cercle Hebey. Il avait vendu la maison du Pays basque achetée pour être à proximité de celle de l'avocat, s'était fâché avec Geneviève, son épouse, bref s'était arrangé pour établir une distance salutaire entre son ancien ami et lui, comme pour éloigner le mauvais œil.

Cette lâcheté ou plutôt ce déni devant l'inéluctable n'a jamais lâché Lagerfeld. Au printemps 2018, Delphine Arnault présentait le prix LVMH, qui récompense chaque année de jeunes créateurs. Depuis sa création, Karl Lagerfeld présidait le jury, comme une figure tutélaire. L'aînée du patron de LVMH, malgré son rôle de directrice générale adjointe de Louis Vuitton et sa fortune d'héritière, a toujours été timide, comme écrasée par ce père tout-puissant qui décide de l'avenir de son groupe et de celui de ses enfants. Avec son expérience d'enfant solitaire, Lagerfeld l'avait prise sous son aile bienveillante. « *Nous devons choisir ceux qui, dans dix ans, compteront parmi les meilleurs de la mode* », a-t-elle dit en ouvrant la délibération du jury. Alors l'assemblée a entendu la voix et son fameux accent allemand s'écrier : « *Dans dix ans ? Mais nous serons toujours là !* »

Que restera-t-il de lui, justement, dans quelques années ? Des robes ? C'est éphémère. Un style ? En a-t-il vraiment un, lui qui a toujours joué les mercenaires pour d'autres maisons de couture que la sienne ? Des dessins par milliers ? Ou la légende d'une vie ? « *Je ne vends que la façade, sa propre vérité on ne la doit qu'à soi-même* », a souvent dit Lagerfeld. Le couturier a survécu aux modes, à l'ère de l'industrie, à son rival Saint Laurent et même à Pierre Bergé, mort un an et demi avant lui sans avoir fait la paix. Homme de toutes ses époques, il a surfé sur le superficiel sans se laisser tout à fait entamer par l'acide de la célébrité. C'est dans ce domaine, probablement, qu'il a le mieux réussi. Connu partout, riche et parfaitement seul. Il est, dans le royaume qu'il s'était choisi, le dernier empereur. *Kaiser Karl.*

REMERCIEMENTS

De Hambourg à New York, de Paris à Monaco, des ateliers de couture aux boîtes de nuit, beaucoup de ceux qui ont connu Karl Lagerfeld m'ont accompagnée dans cette enquête.

Lui-même avait beaucoup parlé, souvent réinventé son passé et cela n'a pas été la moindre des difficultés que de reconstituer les époques qu'il a traversées. Les citations du couturier sont souvent issues des multiples interviews qu'il a données à la presse, mais aussi d'un long entretien qu'il m'avait accordé en juillet 2018 pour une série d'articles publiés le mois suivant dans *Le Monde*, qui m'ont donné le désir de poursuivre et de développer ce récit.

Parmi ceux qui ont partagé leurs souvenirs de Karl Lagerfeld, je voudrais notamment remercier :

Philippe Aghion, Jean-Jacques Aillagon, Thierry Ardisson, Bernard Arnault, Antoine Arnault, Delphine Arnault, Diane de Beauvau-Craon, Anita Briey, Victoire de Castellane, Claude Chirac, Marie-Louise de Clermont-Tonnerre, Vincent Darré, Gilles Dufour, Ines de la Fressange, Philippe Heurtault, Patrick Hourcade, Camille Hutin, Sébastien Jondeau, Claude Lalanne, Sophie de Langlade, Caroline Lebar, Suzy Menkes, SAR la princesse Caroline de Monaco, Philippe Morillon, Florentine Pabst, Paquita Paquin, Bruno Pawloswski, Jean-Jacques Picard, François Pinault, Eric Pfrunder, Jacques Polge, Loïc Prigent, Colombe Pringle, Nathalie Rykiel, Ursula Scheube, Corey Tippin, Céline Toledano, Ralph Toledano, Laurent Toulouse, Virginie Viard, Christoph von Weyhe.

Je voudrais aussi remercier les ouvrières de couture chez Chanel qui ont bien voulu me laisser pénétrer leurs merveilleux ateliers et ont répondu à mes multiples questions. Et enfin, mon éditeur Alexandre Wickham dont l'enthousiasme et l'amitié m'ont été précieux tout au long de l'écriture de ce livre.

BIBLIOGRAPHIE

Quelques ouvrages et documentaires m'ont aussi éclairée sur ce milieu si particulier de la mode, son industrie et ses mœurs :

Ouvrages

The Beautiful Fall : Fashion, Genius and Glorious Excess in 1970s Paris, Alicia Drake, Bloomsbury, 2007.
Merci Karl ! Arnaud Maillard, Calmann-Levy, 2007.
Le Monde selon Karl, Jean-Christophe Napias et Patrick Mauriès, Flammarion, 2019.
Jacques de Bascher : Éloge de la chute, Philippe Heurtault, Michel de Maule Éditeur, 2017.
Jacques de Bascher : Dandy de l'ombre, Marie Ottavi, Séguier, 2017.

Documentaires

Lagerfeld confidentiel, Rodolphe Marconi et Liova Jedlicki, 2007.

Karl Lagerfeld, un roi seul, Thierry Demaizière et Alban Teurlai, collection « Empreinte », France 5, 2008.

Ines de la Fressange : « En avant, calme et droit ! », Jean-François Boyer et Gaëlle Le Fur, 2010.

Karl Lagerfeld se dessine, Loïc Prigent, 2012.

DE LA MÊME AUTEURE :

Chirac président, les coulisses d'une victoire, avec Denis Saverot, Éd. du Rocher/DBW, 1995.

Chirac ou le Démon du pouvoir, Albin Michel, 2002.

La Femme fatale, avec Ariane Chemin, Albin Michel, 2007.

L'Enfer de Matignon, Albin Michel, 2008.

Le Dernier Mort de Mitterrand, Grasset, 2010.

Les Strauss-Kahn, avec Ariane Chemin, Albin Michel, 2012.

Richie, Grasset, 2015.

La Communauté, avec Ariane Chemin, Albin Michel, 2018.

Le Livre de Poche s'engage pour
l'environnement en réduisant
l'empreinte carbone de ses livres.
Celle de cet exemplaire est de :

200 g éq. CO$_2$

PAPIER À BASE DE   Rendez-vous sur
FIBRES CERTIFIÉES www.livredepoche-durable.fr

Composition réalisée par NORD COMPO

———————

Achevé d'imprimer en France par
CPI BRODARD & TAUPIN (72200 La Flèche)
en janvier 2020
N° d'impression : 3037231
Dépôt légal 1re publication : février 2020
LIBRAIRIE GÉNÉRALE FRANÇAISE
21, rue du Montparnasse – 75298 Paris Cedex 06

12/2358/3